1.90

¡INCREIBLE!

a los tres hombres que han traído
amor y gozo a mi vida...
fred, mi hermano
tom, mi cuñado
thomas eugene ream, III, mi sobrino

Ann Kiemel

¡INCREIBLE!

Libros CLIE
Dr. Moragas y Barret, 113
TERRASSA

¡INCREIBLE!

Originally published in the USA under the
title IT'S INCREDIBLE! © 1977 by Tyndale
House Publishers, Inc., Wheaton Illinois.

Versión española: Xavier Vila

ISBN 84 - 7228 - 500 - 6
Depósito legal: B. 8.097 - 1980

Impreso en los Talleres Gráficos de la M.C.E.
Horeb, A.C. n.º 265 - Moragas y Barret, 115
TERRASSA

Printed in Spain

INDICE

A MI HERMANA GEMELA

jan,
tú eres la persona que
más quiero en el mundo.
me haces reír a gusto
y sentirme completa,
fuerte y vibrante
y necesaria. tú añades
dignidad a la vida...
paz y amor.

tú notas los vestidos que me pongo y si llevo el
peinado distinto,
y mis ideas y sueños
cuando nadie más
se da cuenta.

tú cocinas platos deliciosos,
con setas y especias y hierbas
desconocidas. empapelas las paredes
con buen gusto. tienes
un gran marido e incluso él
dice que eres maravillosa.
eres delicada y hermosa,
decidida y... diferente!

algún día espero poder trocar recuerdos contigo
contemplando el ocaso, o pasear en bicicleta horas
seguidas, o levantarnos temprano por la mañana para
cuidar niños juguetones. algún día espero tendremos
una casa antigua con una gran chimenea y familias
que vivan undas en amor, en sueños,
para crear, para reír y comunicar.
Jan, tú me fuistes dada por Dios...

y tú has hecho una gran diferencia en mi vida.
jan, mi jan...
te quiero.

A LA LARGA

cuando era un niñita mi padre me decía,
   «ann, vale la pena servir a Jesús...»
yo respondía:
   «¿por qué, papá...? tengo nueve años
      y soy fea y casi nadie me quiere.»

y él sonreía, y me acariciaba el pelo, y decía...
   «DALE TIEMPO A DIOS...»

dale tiempo a Dios.
me gustaría que eso fuera simple de hacer... me
   gustaría que la paciencia me hubiera entrado en
      el corazón, la mente y las venas.

éste «a la larga...» es lo que verdaderamente importa.
hoy, a los treinta, puedo decir,
   «papá, tenías razón... Jesús
      ha cambiado el color de TODO.»

pero, entre los nueve y los treinta, hubo mucho trabajo,
y largas esperas. desde cuando estaba en la escuela ele-
mental y durante todos los años de la escuela secundaria ,no me consideraba nada especial, ni aceptada por
nadie, excepto mi propia familia.

había días que iba a la escuela sin que nadie me diera el menor golpecito en la espalda... ni una palma-
da, nadie mostraba el menor interés por mis sueños.

durante años traté de dar de mí todo lo que podía,
día tras día. en los días del «college», cuando arrastra-
ba mis pies por la nieve para ir a la cafetería, para trabajar, y ayudar a pagar las matrículas. de buena gana

9

hubiera faltado a las clases que resultaban difíciles o que eran aburridas, pero me esforzaba a ir. muchas veces soñé con salir con algún chico extraordinario, pero no aparecía por ninguna parte.

durante los dos años que fui maestra de escuela no tenía ni un centavo, y me sentía muy sola. mi amiga
jeanne millhuff era mi único rayo de sol... pero
recuerdo que me metía en el cochecito y mientras conducía por la calle iba sollozando,
por Kansas City. Yo había creído que si
podía terminar el «college» y lanzarme
al mundo REAL, la vida sería fan-
tástica.
pero, ¡había tantas esquinas y baches
que no había ni soñado!

naturalmente, todavía me quedaban muchas equivocaciones que hacer durante los años que fui directora de
juventudes en una iglesia de california, y «dean» de
chicas en un «college» nazareno.

tantas equivocaciones que hacer...
tantas lecciones que aprender y
tantas batallas que luchar.

había días en que todo el mundo parecía quererme y otros en que no me quería casi nadie. esto, por lo menos, era lo que me parecía a mí.

a menudo, cuando iba en avión a dirigir la palabra a una asamblea, la gente me decía: «¡oh, la querrían mucho en el "college"!»

yo me reía y decía,
«bien... algunos ni mucho ni poco»

¡espacio libre para una sonrisa!
a la larga...
han sido necesarios todos estos años juntos
para hacer de mí lo que soy.
para sazonarme,
para pulirme los cantos,
para llegar a destacarse claramente la bandera que sigo.

TODO EL MUNDO sueña.
no hay nadie que no sucumba a la necesidad de soñar:
el borracho tendido en la cuneta está soñando.
el físico eminente con la tiza ante la pizarra está
   soñando.
éste «a la larga» es lo que los divide:
   el flojo y el firme
   el pusilánime y el valiente.
      muestra quién está dispuesto a pagar el precio
      y quién no lo está
         lo enrasa todo y revela la verdad.

mi amigo paul miller dice que la vida es más o menos
como una caldera. se puede meter en ella a toda la gente y sus experiencias, y agitar mientras va hirviendo,
es decir, mientras están aprendiendo cada uno los usos
de los otros y a hacer las cosas juntos, mientras hay
   desavenencias y
   malas interpretaciones..., mientras todo está revuelto,
   nadie puede decir donde está la verdad.
pero, cuando se termina el hervor, y la mescolanza que
antes se mantenía agitada empieza a posarse, LA VER-
DAD, empieza a asomar a la superficie. puede que haya
habido muchos encontronazos, críticas y oposición, pero
con el tiempo, lo que es recto es lo que prevalece. es
decir... a la larga.

he tomado aviones para ir a hablar a sitios
cuando no me sentía con ánimo de hacerlo.

pero sacando fuerzas de flaqueza he ido,
para contar mi historia, para que otros
aprendan a soñar también.
ha habido muchas esperas interminables en aeropuertos
helados. (menos mal que había también cabinas de
    teléfonos
públicos donde podía meterme y llorar.)

soy una chica corriente de cada día.
    no soy ninguna belleza,
    ni tampoco un portento.
me ha costado años de «tarea en casa» el poder hacer
inteligibles y comunicables mis sueños. años de esfuerzo, años desgañitándome, para hacer llegar a los otros
mi mensaje fundamental: que entre ellos y Dios pueden mover el mundo.

se me ha llamado «soñadora», se ha considerado
que «estaba en las nubes»
pero he insistido, convencida que
    el amor de Dios puede horadar cualquier montaña,
    saltar cualquier abismo... a la larga.

hace poco que hablé a un grupo en la academia militar
de west point. de vuelta, me llevó al aeropuerto un coche de la escuela conducido por un chófer oficial.
    el chófer era un joven guapo, negro, y empezamos
    a hablar por el camino. me contó que había estado
    paralizado desde la cintura para abajo... echado, su-
    pino, durante meses... y que finalmente le operaron
    y le sacaron un tumor de la columna vertebral.
después de la operación tuvo que entrenar de nuevo los
músculos de las piernas a recibir los impulsos nervio-
sos del cerebro y aprender a coordinar todos los movi-
mientos. después de largas estancias en hospitales, lejos de su hogar y familia, por fin un día el doctor le
dijo:

«robert, si puedes andar de aquí a la puerta del departamento de fisioterapia, te puedes ir a casa por una temporada...»

robert intentó describirme lo doloroso que era el ejercicio. iba avanzando por el corredor del hospital repitiendo: «no puedo más... duele demasiado... ¡basta!»

y luego pensaba en sus dos hijos
y la familia, y seguía dando un paso, y otro. no había nadie que le diera apoyo...
sólo un sueño en su mente...
después de tres horas y a punto de colapsar... el doctor estaba en el departamento de fisioterapia y le dio el alta.
también «a la larga» es como se revela
quien habla con palabras veraces y quien no...
si las críticas que le hacen a uno son válidas o no...
cuáles son los corazones puros y cuáles no.
«a la larga» brota la semilla, y precisamente la que
hemos sembrado.

necesito tiempo para mostrar
que he hecho lo mejor que he podido...
que Jesús me ha considerado fidedigna...
que cada nuevo día añade experiencia y calidad...
que en mi carrera falta un buen trecho aún para la
meta.

es INCREIBLE...
pero yo CREO que «a la larga» se verá que:
cada día,
cada adarme de esfuerzo
cada gesto de amor, incluso,
ha hecho alguna diferencia.

puede que alguno, desanimándose, diga: no la ha hecho
todavía... no valía la pena...

conozco a un chico llamado lloyd, que tiene veinte años,
el cual me dijo que podía contar dos o tres cosas de
su vida: dice lloyd:

«eché mucho de menos a mis padres, cuando era niño.
mi madre estaba siempre fuera, trabajando. me envia-
ban a una niñera vieja y maniática, que debía odiar a
los niños. allí hasta el gato estaba nervioso. hubiera
sido mejor ir a un asilo. mis padres no prestaron nunca
la menor atención a cómo llevaba el vestido, el pelo,
nada. si alguien puede decir que se ha sentido rechaza-
do, este fui yo.»

«al pasar a la adolescencia las cosas no mejoraron.
me sentía como un pelele. ni me sentía capaz de pelear-
me con nadie: esto por lo menos me hubiera hecho
sentir machote...»

ha sido una larga espera para lloyd...
  pero ahora Jesús le está ayudando.
    aprende a establecer relaciones
      y a respetarse a sí mismo.

¡lloyd!
no tienes por qué esconderte. me siento orgullosa de ti.
tu camino ha sido más duro que el mío.
eres valiente, tienes coraje,
y esto, a la larga, lo cambiará TODO.

lloyd me dijo una vez:
«ann, cada vez que se gana algo importante
hay que contar con que también se pierde algo...»

14

en donde te encuentres, lector,
que las pérdidas no te hundan.
Jesús anda contigo, y él lo pondrá todo junto en un
    manojo
algún día.

mi padre es un predicador de los que aporrean el púlpito con la Biblia, como dice mi hermano. mamá dice que, cuando predica, habla más y más alto cada día. pero, parece que a todo el mundo le gusta...
y especialmente a mí.
se casó con mi madre después de hacer extensos viajes evangelísticos no sólo en los estados unidos, sino también en muchos otros países. ella era una maestra, en kansas, que había sido una pianista precoz. a mí siempre me ha parecido muy culta y hermosa.

cuando mi madre se casó con mi padre
su vida pasó a girar en la órbita del
marido y los hijos,
que pronto asomamos al mundo.
ya no tocó más conciertos en grandes salas; mi madre se sentaba al piano en casa, y tocaba cosistas e himnos. también tocaba en las iglesias que pastoreó mi padre. todo el mundo la quería.
algunos pastores consiguen casas parroquiales agradables. pero nosotros no. no se por qué, pero la nuestra siempre era vieja, muy mal decorada, y cuando la veíamos por primera vez, jan y yo llorábamos, y mi madre decía:

«tontuelas, esperad a que termine de arreglarla. no
parecerá la misma. entonces sí que os gustará.»
y tenía razón.
cada una de las casas en que vivimos acabó gustándonos... incluso la primera de todas, en hawai, con los dormitorios a un extremo de la capilla, y la cocina, al otro. como lavatorios usábamos los mismos de la capilla, o sea que había dos, con inscripciones diferentes

en la puerta de cada uno. había también «termites», que hacían agujeritos en las paredes de nuestros dormitorios, y que revoloteaban alrededor de la lámpara a la hora de las comidas... pero, nos reíamos tanto, y había tanto amor, y había las cortinas de preciosos colores que había puesto mi madre, que la casa nos parecía de perlas.

si fred, o jan o yo queríamos pastelillos alguna noche antes de ir a la cama, nuestra madre nos los hacía. parecía como si comprendiera que
    el mundo exterior no era fácil
       para nosotros, y por tanto nos rodeaba
         de amor las horas que pasábamos en casa.
    hay que ver las cunitas que nos hacía con las
    cajitas de copos de avena vacías.

la iglesia de hawai poseía un viejo «jeep», un automóvil militar destartalado. era muy FEO. cada mañana papá nos llevaba a la escuela en este «jeep». nosotras nos acurrucábamos en el asiento para que no se nos viera desde fuera. sentíamos terror ante la posibilidad que nadie supiera que era nuestro.
    los niños pueden ser verdaderamente crueles y no
    queríamos arriesgarnos.
un par de cuadras antes de llegar a la escuela mi papá tenía «órdenes» de parar el «jeep».
    abríamos una pizquita la puerta para mirar si
    había alguien alrededor que pudiera vernos y, si no,
    saltábamos y hacíamos como si nada, andando el resto
    del camino.
yo trataba de imaginarme lo que podría ser llegar a la escuela en un coche elegante, que se parara delante de la puerta para dejarnos bajar, como hacían algunos de los otros chicos.

hubo dos navidades en que no pudimos comprar el árbol de navidad. mi madre nunca se quejaba, sino que, enjugaba nuestras lágrimas, en un caso como este, dándonos a entender que unas ramas de bambú, pintadas de color dorado con un pulverizador, era mucho más distinguido.

otra cosa que hacía era leer los periódicos, para la navidad, para saber qué iglesias organizaban buenos programas. y nos vestíamos todos e íbamos para apreciar el color y la fiesta, la pompa y la ceremonia.

no puedo recordar que mi madre se quejara nunca de la situación económica, que no era por cierto brillante, ni tampoco de que tenía que prescindir de tantas cosas... cosas que casi todo el mundo tenía.

no recuerdo que se quejara nunca del lugar que Dios había asignado a mi padre, o de nada relacionado con su vocación y destino.

sin hablar sobre el tema del contentamiento, tenía la gracia de instilar en nosotras la capacidad de ser felices dondequiera que nos halláramos...

que una buena parte de lo que nos ocurre en la vida

no desciende hasta el corazón, donde de veras sentimos,

sino que se queda en la cabeza, donde decidimos

estar contentos o descontentos,

ser felices o infelices.

mi padre podía ser un predicador, pero, por encima de todo,

era un ora-dor;

es decir, oraba constantemente. y permítaseme

hacer este juego de palabras.

18

cuando mi hermano tenía tres años, alguien le
preguntó a qué ocupación se dedicaba su
    padre.
«mi padre ora...», contestó fred.
    se permite sonreír.
una y otra vez nos decía nuestra madre:
    «ninguno de nosotros se va escapar de entrar en el
    cielo, porque las oraciones de papá nos van a llevar
    en volandas.»

no recuerdo nunca haber ido a la cama por la noche, sin
que mi padre estuviera andando en el cuarto de estar
o deambulara por el patio
    mientras oraba.
yo a veces me alarmaba, pensando si estaba pasando
    algo serio.
entonces iba a ver lo que hacía mi madre. si ella estaba
durmiendo yo me iba a dormir tranquila también,
    pensando
que si ella no estaba preocupada, aquello por lo que
oraba mi padre no debía ser nada alarmante.

¡qué combinación tan maravillosa!
un padre que nos enseñó a orar a lo largo de los años,
y una madre, tan cristiana como él,
que nos ayudó a hallar el fiel de la balanza
entre lo místico y lo práctico.

mi padre nos solía decir a los pequeños:
«podéis soñar todos los sueños... y si Jesús
    forma parte de ellos, y queréis trabajar de fiirme,
    y esperáis el tiempo suficiente,
    los sueños se convertirán en realidad.»

mis padres nunca trataron de aislarme del dolor.
recuerdo verlos a los dos llorando conmigo, en momen-

19

tos angustiosos, pero continuamente nos recordaban que
el dolor es parte de la vida...
una parte del plan divino del crecimiento personal.
les debe de haber costado, pero siguieron empujándonos
    para que hiciéramos frente a la vida por nuestra
            cuenta,
        prometiéndonos su amor y la fidelidad de Dios.

cuando hoy la gente dice:
«oh, ann, deseamos que te mantengas de la manera que
eres... y que el mundo no te cambie o te endurezca»,
contesto:
«mis padres están orando por mí.
    ellos me enseñaron desde la cuna, casi, que
        lo único que realmente cuenta
        es Jesús...
El es el fundamento de mi vida...
donde estoy yo, allí debe estar El.»

un amigo mío es un padre modelo.
desde que los hijos nacieron, me dijo su esposa,
nunca ha partido para el trabajo sin besarlos y
decirles adiós...
si dormían, procuraba no despertarlos.
aun hoy, siendo mayores, los besa cuando llegan al
hogar. estos hijos han recibido el amor del padre cada
día ya antes de levantarse de la cama.

un día oí a este padre que oraba:
    «Jesús hazme un padre tal como Tú quieras que sea.»
cuando los hijos oyen a los padres que oran, esto hace
una gran diferencia en sus vidas. la oración ferviente
de los padres les hace desear ser mejores.

uno de los hijos de este hombre mide bastante más de
dos metros. un día estaban en el aeropuerto, y el padre

iba a abordar un avión. allí, delante de todos, el gigante
del hijo se inclinó, abrazó y besó a su padre.

no sabría poner un ejemplo más vívido del precepto:
«honrarás a tu padre y a tu madre,
para que tus días se alarguen sobre la tierra».
este mandamiento, como vemos, va acompañado de una
promesa. mi padre y mi madre han hecho una diferencia enorme en mi vida. A menudo, la gente me pregunta por qué amo tanto a Dios y cómo puedo sentirme tan segura de su amor.
Un día me di cuenta de que, si en mi mente se había
establecido la comparación de que Dios era como mi
padre,
para mí, la relación con Dios ha consistido en amar
y ser amada.
mi padre trajo a Dios en mi vida, en Su perfección y
pureza... y mi madre confirmó esta visión, permitiéndo-
le a El que creara la atmósfera que se respiraba en la
casa.

de mis padres nadie ha escrito ninguna biografía
ni se habla de ellos en ningún libro, excepto los míos.
ni han sido los huéspedes de gente famosa.
mi padre no ha predicado en grandes cruzadas.
han vivido simples vidas, pero puras, fieles,
piadosas...
han peleado buenas batallas
han conservado la fe
han hecho de Jesús, su Señor.
nos han criado a los tres, fred, jan y yo,
y los tres pensamos que son dos personajes muy
importantes.

cada vez que estoy delante de miles de personas para
hablar me acuerdo de mi padre.
es posible que alguna vez él haya soñado en un momento así. como predicador, los auditorios que ha tenido

han sido mucho menores. cuando estoy allí delante, y
pienso en mi padre
  sé que de un modo especial
  no sólo represento a Jesús,
  represento también a mi padre y a mi madre,
  porque ellos pusieron los cimientos:
  ellos tocan la vida de cuantos me oyen,
  ayudan a cambiar el mundo.

CONFESION

es increíble, pero
todos los triunfos conseguidos no me han dado una sen-
sación de seguridad en mí misma. algunos días he tenido varias victorias; otros días, ninguna... pero no hubo
ninguna diferencia: en ambos casos continúo en mi
falta de confianza.

cuando hace cinco años fui nombrada «dean» de chicas
del «eastern college» nazareno, no sólo era una de las
«deans» más jóvenes de américa, sino que mi predece-
sora tenía mucha más edad que yo. Además, casi nadie
lo vio con buenos ojos. esto me obligó, a mí, a ver las
cosas con claridad, a ser sincera conmigo misma y acep-
tarlas.

hace cinco años había un sinnúmero de cosas importantes acerca de mí misma que yo desconcía. me importa
que se me conozca toda yo. ¡ahora! antes me habría interesado que sólo se supiera de mis virtudes. hoy se que
no es posible ofrecer nada auténtico a Jesús o a mis
oyentes y lectores a menos que sea totalmente sincera.

no es que la confesión no sea penosa, pero es saludable.

me gustaría confesar cosas acerca de mí que no podríais
adivinar.

algunas veces me siento amenazada.
vino una estudiante al «campus» llena de entusiasmo y
vida. me QUERIA, lo que es más bien raro, dado mi
cargo. y a mí me gustaba que me quisieran.

me llevaba rosas o una «pepsi», o simplemente sacaba la cabeza por la puerta y sonreía. pero... un año hace... un matrimonio joven fue contratado en el «college» para vivir en el dormitorio de las chicas. él es profesor de inglés y ella instructora de teatro o dramática. la esposa es una personalidad atrayente y simpática.
al poco noté que la estudiante
que venía a verme había dejado
de aparecer por mi oficina.
si alguna vez lo hacía era para hablarme de lo simpática que era «ronda». yo pensaba lo mismo y creía que estaba muy bien que las chicas pensaran lo mismo.

pero un día me pregunté:
    «ann, ¿de veras no estás celosa de ronda?
    ann, yo creo que lo estás...»

¡imagínese!
llegué a llamar a la estudiante para decirle:
    «oye, dawn, tú eres una estudiante y yo soy la "dean"... pero quiero preguntarte algo. no sé por qué, pero siento como si tu amistad con ronda fuera una amenaza para mí: siempre me estás diciendo lo simpática que es, y yo creo que es verdad, pero... esto, me deja a mí, como si ya no te interesara...»

la estudiante me miró y su mirada me dijo más que las palabras.
    «ann —me dijeron sus ojos— ¿por qué razón no ha de haber en mí, lugar para otra gente...?»

¡cuán infantil había sido mi conducta!
¿no ha de haber sitio en el corazón de todos para otra gente? ¿no lo hago yo misma, cada día?
en este momento en que me miré con sinceridad quedé curada. quería a ronda y a dawn, y ellas sentían este afecto para mí, de un modo recíproco. lo que yo nece-

sitaba era darme cuenta de que estaba celosa, y esto
me lo hizo ver Jesús. Jesús se hace cargo que soy humana, y los celos son una característica humana... pero
Jesús quería también que yo fuera sincera
   acerca de este punto y por ello me lo hizo ver, acep-
   tarlo y confesarlo... y me hizo aprender algo en el
   proceso.

entre la gente, se levantan paredes separatorias por multitud de razone. creo que es principalmente porque muchos cristianos son superficiales. y rehúsan confesar sus
luchas interiores y sus debilidades y levantan barrica-
das protectoras en lugar de admitir su falta.

*   *   *

El pasado diciembre estaba en casa, con los míos. era
algo muy especial para mí. pero, había aceptado hablar en una convención en atlanta para la víspera de
año nuevo, y tuve que decirles adiós, aun sabiendo que
iba a pasar otra velada de año nuevo sola.

llegué al aeropuerto tarde.
el área de la puerta de salida al avión estaba atestada
de pasajeros.

«por favor... me gustaría un asiento tan adelante como
sea posible.»

el empleado sin levantar los ojos, garabateó un «19 C»
en mi billete y me dijo que no me demorara, que era
tarde.

«19 C... por favor... —casi me desmayé— este asiento
está al final del avión... y si estoy cerca de la cola
me mareo...»

esta vez me miró, indiferente, y dijo:
«señora, haga lo que quiera. es el único asiento disponible y, ya dije… vaya rápido…»

agarré el billete y le di una mirada fulminante, pero tuve que contentarme con decir en voz alta: «¡delta airlines!, siempre lo mismo, me dan rabia y ya estoy harta.» y por dentro añadí: «y no viajo por placer sino por hablar del amor de Dios.»

mientras me estaba despidiendo de mi familia de repente vi que quien se había portado de modo incorrecto era yo y dije en voz alta: «debo darle excusas a este hombre…»

mi hermana, rápida, sugirió: «pues, ahí lo tienes, detrás…»

me volví y le dije medio llorando:

«caballero, perdóneme, no quería molestarle. estaba tan nerviosa y despidiéndome de la familia…
tengo que viajar con frecuencia lo siento…»

el empleado me miró en la cara, sin ninguna expresión en la suya se encogió de hombros y musitó:

«señora… no es para tanto… no llore que no me dijo nada tan espantoso…»

cuando encontré mi asiento en el avión todavía estaba llorando y dije… «gracias, Jesús, por mostrarme lo que realmente soy, y cuando no estoy en contacto contigo pasan estas cosas. gracias por amarme incluso cuando te pongo en ridículo. Jesús haz de mí lo que debo ser, según tus ideas…»

Jesús puede alisar las arrugas y limar los
cantos de mi vida.
¡El es la única esperanza de refinar
este fragmento de humanidad
llamado
ann!

* * *

otra cosa con la que he luchado es mi tendencia a exa-
gerar. hace años cuando un amigo me llamó la atención
sobre este punto me puse inmediatamente a la DEFEN-
SIVA. ¿cómo se atreve a decir una cosa así? ahora he
aprendido a decir «gracias», y ver que siempre hay algo
de verdad escondido dentro de la envoltura desagrada-
ble de la crítica.

en mi libro «estoy lista para cambiar el mundo», cuento
de un grupo de juventud que aumentó de modo extraordinario, desde 88 a 400. es verdad que hubo semanas en que nos reunimos 400, toda la semana, pero a
veces eran sólo un centenar. en todo caso no había 400
durante ningún período extenso. con este tipo de afirma-
ciones se puede ver cuán insegura de mí misma estaba.
al pintar la verdad, para hacerla más vívida,
lo único que hacía era añadirme galones que no
merecía, pero que me daban importancia...
esta debilidad debo pedir que me sea
perdonada.

incluso ahora, tengo que repasar mis historias.
pregunto a otros si las cuento de modo correcto. las
compruebo con mi secretaria gayla, para asegurarme
que no exagero.
tener que llegar a esta clase de sinceridad es penoso.
no se trata simplemente de algo superficial
sino que va profundo a la medula de la

conciencia. pero Jesús lo sabe...
                OBEDIENCIA es lo que me falta. Yo
                quiero oír lo que me dicen acerca
                de mí misma,
                        pero, quiero hacer más..., quiero
                        obedecer...
        «SI, SEÑOR...»

algunos quizá sean diferentes, pero, a mí me es imposible cambiar de la noche a la mañana. una y otra vez
tengo que darme un buen rapapolvo, porque quiero ser
de veras lo que Jesús quiere que sea, según El me necesita.
al ir entregando mi vida a El, parte por parte, cada
día, siento su espíritu dando testimonio al mío... de
que voy creciendo... poco a poco.

                        * * *

¡oh, hay otras cosas todavía!
mi temor al fracaso...
    que mis escritos no le gusten a nadie.
    o que les guste a otros como escritora y charlista,
        pero que no les guste como persona, por separado.

    ¡una se siente tan sola volando miles de millas cada
    semana! a veces, cuando voy buscando el camino por
    los interminables corredores de los aeropuertos para
    cambiar de avión, me pongo a llorar. no me importa
    si alguien me ve. voy murmurando: «¡oh Jesús, es-
    toy tan contenta de que eres mi amigo. te necesito
    tanto!»

PERO
Dios me hizo como me hizo.
me reclamó toda, luego.
y trato de estarle agradecida no sólo por aquello que
hay en mí que le complace, sino también por mis de-

fectos, sabiendo que estos son como unas riendas, que tiran de mí, y me hacen más comprensiva y compasiva con respecto a las luchas de los demás.

mi hermana jan, que es una psicóloga profesional, cuando me viene a ver, porque su marido tiene que ir de viaje por negocios, me hace pequeñas sesiones de «psicoterapia».

«ann, estaba pensando que cuando estás en un grupo hablas un poco más de la cuenta. ¿has notado que tienes una tendencia a dominar
la conversación...?»

«sabes que ya lo había notado, jan. tienes razón. tendré que ver de corregirlo. siempre me parece que los demás están interesados en oírme hablar de mis experiencias.»

nos reímos, pero yo sé que debo crecer en este aspecto. incluso hoy, tengo que confesar que TODAVIA tengo este defecto,
de tratar de ser el centro del grupo.

es INCLEIBLE que pueda estar sentada escribiendo y confesando estas cosas
a los que las leen. sin embargo me parece maravilloso, porque aunque es posible que algunos me rechacen por ello, por lo menos no tengo nada que esconder y
me siento LIBRE.

c. s. lewis dice que tenemos tanta capacidad para lo bueno como para lo malo.

puedo considerar a cualquiera que
haya estado en la cárcel

o en bancarrota,
o ha sido despreciado por sus antiguos amigos,
o ha fallado en alguna relación personal...
    y me digo...
«¡ahí estaría ann, si no fuera por la gracia de Dios!»

«mi rescate en la cruz has satisfecho.
yo nada tengo, nada puedo ofrecerte.»

¡aleluya!
  ¡aleluya!
    ¡aleluya!

no sé
si hay muchos miembros del consejo de la iglesia que
después del servicio, el domingo por la mañana, in-
viten alguna vez al portero, a comer a su casa o al
restaurante.

o bien, cuantos presidentes de alguna corporación hay
que dediquen algún tiempo a escuchar a los que están
situados al otro extremo de la escala jerárquica, para
conocer sus ideas...
tomando una taza de café juntos,
para dejarles decir lo que piensan.
la opinión del vicepresidente y los que están detrás,
a la cola, esperando que les aumenten la categoría y
el sueldo no es la única importante.

yo misma, si tuviera que escoger, dudo que prefiriera
pasar una velada hablando con una persona quieta, tímida y desconocida para mí, a pasarla con alguien ilus-
tre, famoso y lleno de ideas.

¡en fin, por lo menos me lo pregunto!

conozco a un hombre que se llama bill, que se casó muy
joven, cuando todavía estaba en el «college» y cuya esposa, después de darle dos hijos, le abandonó.
bill ha subido a los hijos, cuidándolos y haciéndose cargo de todas las responsabilidades caseras, hasta las más
humildes. le ha sido imposible terminar sus estudios,
por lo que sus sueños de dicarse al ministerio se han
evaporado. todas sus energías han sido dedicadas a sus
hijos, para los que ha sido, de verdad,
padre y

madre.
hace poco visitó la iglesia un cantante, antiguo amigo del «college» de bill, el cual ha prosperado y es bien conocido en el mundo evangélico, por sus recitales de himnos ante grandes auditorios de iglesias. cuando terminado el recital bill se acercó a su amigo para refrescar la amistad, el «gran artista» apenas lo reconoció y dejó bien claro que «no tenía tiempo disponible» para una persona insignificante, aunque hubiera sido su amigo.

a mi modo de ver el cantante es un «don nadie» y el amigo que de un modo anónimo ha mostrado estar más que a la altura de sus circunstancias es la verdadera personalidad, en corazón y en carácter.

Jesús dice,
el primero será postrero... y el postrero primero...
dice también:
los pobres en espíritu recibirán la tierra por heredad...
es increíble,
   pero, creo que, a pesar de todo, la mayoría tenemos muy en cuenta la posición o «status» de cada persona en la vida social.

recuerdo, de cuando era niña, que el mundo evangélico estaba muy interesado en saber de qué tamaño era la iglesia que tenía a su cargo un pastor... o cuanta influencia tenían sus miembros.
conozco algunos pastores que casi están convencidos que deben «mentir» en sus informes anuales a fin de mantener la presión que les obliga a alcanzar ciertos niveles. no tienen más remedio que hacer tantas visitas, ganar tantas almas, conseguir tantos miembros nuevos para la iglesia, vender un cierto número de publicaciones eclesiásticas o

32

muy pronto tendrán PROBLEMAS.
algunos escogen una iglesia en razón de que sus miembros tienen un nivel superior de educación, o que tienen automóviles más lujosos, o que itenen más dinero.

cuando era niña, recuerdo que cuando, siendo un pastor se obtenía un cargo administrativo en alguna parte, se pasaba a tener importancia. entonces conocía exactamente quién era el superintendente del distrito... y luego conocía los regentes universitarios en el «college». consideraba que añadía a mi propia estatura el que hubiera muchos de estos «personajes importantes' que me conocieran por mi nombre y me tuvieran en cuenta.

hoy día, aun cuando me siento insegura en un grupo, sin darme cuenta empiezo a mencionar «nombres», procurando que los demás sepan que muchos de estos «personajes importantes» son amigos míos.

una vez oí a jill briscoe que dijo:
«No hay NADIE que no sea importante...»
algunas veces oigo a gente que dice (y yo digo):
    «hice marcha atlética con un amigo mío
      ABOGADO...»
    «visité al david... al Dr. david rhodes...»
    «está al frente de un GRAN hospital...»
    «este es pablo... su padre es un médico
      EMINENTE...»

querido Dios
¡perdónanos!

¡cuánta inseguridad hay en nuestras vidas que tengamos que esforzarnos tanto para demostrar nuestra valía!

el hombre que está derramando su corazón en un lugar apartado...

que nunca ha fundado o edificado la «mayor iglesia de la ciudad», éste es el que tiene coraje y corazón.

los que, en todo el mundo,
han puesto lo MEJOR de su vida en la labor cotidiana
y dado años de servicio abnegado en nombre de Cristo,
estos son los que El tiene en cuenta, más que a nadie.
El juzga los corazones,
no los resultados visibles.
acerca de los porteros de las iglesias, los barrenderos,
   los empleados de las gasolineras, los albañiles y obre-
   ros fabriles... ¿quién ha dicho de estos que NO SON
las personas importantes del mundo?
¿que sus ideas no pesan mucho?

si Jesús anunciara a todos los «grandes cristianos» del mundo que en un día determinado los estaría observando para pasar juicio final sobre ellos,
   creo que todos nos escabulliríamos y
   trataríamos de pasar confundidos por
   «el menor de estos...»
   en el vecindario
      el trabajo,
         la escuela.
   probablemente nos esforzaríamos por recordar a to-
dos los que hemos puesto a un lado, y empezaríamos a notar multitud de gestos y palabras que ahora nos pasan inadvertidos.
no hay duda que empezaríamos a hacer caso
   de analfabetos,
      desharrapados,
         gente ofensiva y aún
            inmoral, pero cuyas almas nos rodean, supli-
cando amor, pero, por cuyo lado pasamos mirando en dirección opuesta.

por lo menos por un día, la verdad desnuda se abriría
paso en nuestras vidas, y no perderíamos tiempo y energía en cosas superfluas.

¡no sé!
¡quizás!

esta viejecita le robaría a usted el corazón.
¡tiene noventa y siete años!
la primera vez que la vi estaba afuera, transportando
piedras de buen tamaño, para dar mejor aspecto a su
jardín, que ella consideraba estaba presentando un
pobre aspecto.

noté sus manos.
llenas de arrugas y pecas, pero
sin temblar lo más mínimo. nunca usa ateojos para leer.
su oído es perfecto.
va bien vestida y peinada. vive sola.
ella se limpia la casa y la ropa.

a los noventa y siete años se dedica a pintar cuadros
de buen tamaño, con colores brillantes y vivos,
que vende luego.
hace unas alfombras hermosísimas,
cuyos dibujos son suyos originales. detrás de la casa
cuida un magnífico jardín. a los noventa y cinco le qui-
taron el carnet de conducir, y sólo a causa de la edad.
«eloisa...
usted es una pianista y cantante.
se la ha reconocido como artista, ha viajado por el
extranjero,
de todas las experiencias que ha tenido, ¿cuál le ha
proporcionado mayor satisfacción?
"mi jardín y mi huerto"
los colores, los pétalos perfumados y los botonoes
a punto de abrirse; los tomates frescos y redon-
dos, las remolachas, las cebollas...»
«¿qué es lo que no le gusta?»

¿que no me gusta? —su voz ha cambiado y adopta
un tono algo cortante—.
pues… limpiar los platos, planchar o fregar el suelo. limpiar el jardín…»
en verdad, me gusta todo lo que hay que hacer.
las dos cosas que le gustan más son la madera y el estiércol.
«las plantas crecen tan bien con el estiércol… y no
hay nada hermoso que no pueda ser reproducido en
madera…»

¡qué persona más extraordinaria!
cree que nació para crear cosas todos los días de su
vida; que Dios cree en trabajar de firme, que es algo
maravilloso ver cómo crecen las plantas, los árboles.
cree que el hacer lo mejor que se puede con los talentos que Dios nos ha dado produce un sentido de responsabilidad y es una fuente de bienestar…
incluso cuando lo que tiene que hacer
es difícil y pesado.

he leído muchas veces la parábola que cuenta Jesús
acerca de los talentos. creo darme cuenta exactamente
de lo que quería decir por medio de ella. El nos juz-
gará
por alguna hazaña espectacular
o por algún tropiezo inesperado.

El sigue mirándonos a lo largo de la vida, sopesando el
esfuerzo y tesón aplicados en cada hora, cada momento,
viendo si ponemos el alma en la labor. es posible que
no haya nadie alrededor para cumplimentarnos, pero
EL LO SABE TODO.

un amigo mío se acercaba a una intersección de una
calle de mucho tráfico. todavía lejos empezó a frenar

porque vio que alquien estaba cruzando la calle.
al acercarse vio un muchacho con su perro.
el niño andaba, empujando su bicicleta entre el coche
y el perro, como tratando de advertir al chófer que no
se podían jugar bromas con su perro.
no hay duda que como gesto de amor no puede ser
más elocuente.

artur rubinstein, el pianista,
era admirado por su virtuosismo. un periodista se le
acercó un día mientras estaba al piano...
    «señor rubinstein —le dijo— lo daría TODO para
    tocar el piano así».

a lo que
el señor rubinstein,
replicó:
    «¡no estoy muy seguro de lo que daría! tocarlo así
    a mí me ha costado adorarlo, de rodillas, cuatro horas
    diarias durante sesenta y cinco años...»

¿no fue edison que dijo que «el genio es dos por ciento
de inspiración y noventa y ocho por ciento transpira-
ción»?

esta semana hablé a un grupo en las afueras de pitts-
burgh. una señora me preguntó si quería hospedarme en
su casa. había muchas casas más hermosas que la suya,
dijo, y había moteles...
    pero quería que yo supiera cuánto placer
        ella y su esposo tendrían si yo los honrara
            con hospedarme en su pequeño mundo.

me hospedé en su casita.
en el dormitorio principal.
simple y sencillo, pero se podía ver bien que las sábanas
    y las mantas eran nuevecitas. lo mismo las toallas en

el cuarto de baño. cuando me senté a la mesa de la cocina el día siguiente, había un sobre con mi nombre y una tarjetita en él.

blanche, la dueña, una mujer de mediana edad, se había levantado a las cinco, y

no pudiedo dormir de emoción, había escrito:

«ann, el que haya venido a hospedarse en nuestra casa nos da la impresión como si el mismo Jesús nos hubiera honrado. nosotros somos gente común, no tenemos instrucción ni posesiones materiales, pero Jesús amaba a la gente común, porque hay tantos de nuestra clase...

y El nos ha enviado a usted.»

me dieron lo mejor.

me conmoví.

nunca volveré a ser la misma persona después de la experiencia, mucha gente viene a boston y llaman por si pueden visitarme. recuerdo una familia, especialmente, que nunca se habían podido permitir una verdadera vacación hasta aquel verano. habían hecho una venta de cosas usadas en el patio, con lo cual habían conseguido reunir el dinero para hacer el viaje desde memphis a boston. todos los miembros de la familia habían aportado objetos que para ellos tenían valor, pero estaban dispuestos a sacrificar. me llamaron por teléfono, diciendo que habían leído mis libros, y no sabían si podían visitarme. vinieron y no pude disuadirles de que no me pagaran la comida en el restaurante, que probablemente era para ellos bastante dinero.

me amaban y eso era un sueño dorado.

les costó dinero e IMAGINACION, venir de memphis, pero toda la empresa fue impulsada por el corazón. no falta el talento, ni la bendición de Dios, cuando ponemos el corazón en algo.

michelle tiene seis años. vino a saludarme, después que

dí una charla en la gran sala de un gimnasio. me entregó una cadenita para el cuello. le pregunté si podía ponérmela y me la puse. me arrodillé para abrazarla. me miró y me dijo:

«¿sabe, ann?»:

«¿qué?»

«a mí también me gusta soñar.»

percy y maría son dos de mis personas predilectas. cuando percy tenía once años ya trabajaba como panadero, y tenía que andar dos millas por el campo para ir al trabajo. a los veinte era el panadero de la ciudad, haciendo más de 350 panes
cada día.

en otros tiempos su esposa, marie, acostumbraba ir a un suburbio de casas de renta reducida, e iba de casa en casa, por ver si necesitaban algo, y de ser así, procuraba proporcionárselo...

suéters, abrigos, uniformes para la escuela,
comestibles
y amor en abundancia.
marie necesitaba una botella de desinfectante en el coche que usaba sobre ella misma cuando terminaba las visitas. esto da idea de las condiciones en que vivían estas personas.

cada domingo, percy y maria, llenaban su coche y una vieja camioneta de chiquillas para la escuela dominical. finalmente tuvieron que recogerlos con un autobús. hasta 98 algunos domingos. iban a buscar, cada domingo, a una madre con mellizos a una distancia de diez millas, para llevarla a la iglesia. aun hoy, todavía van a buscar a la madre cada semana, cuando los mellizos tienen vetinticinco y veintiséis años.

una noche, hacia las doce, llamaron por teléfono y percy contestó. al poco se ponía la chaqueta y se disponía a salir de la casa:

«llamó una persona que me conoce, que necesita que le den una mano para arreglar el coche, y está lloviendo a cántaros. voy a ver si puedo hacer algo por él... ¡se llama juan!»
«juan ¿qué?» —preguntó marie.
«¡no sé... juan!»

este matrimonio no conoció a Jesús hasta los cuarenta. hoy tienen más de setenta, pero nadie lo adivinaría.
sanos.
llenos de vitalidad y entusiasmo.
todavía ponen bizcochos al horno para mí cuando les visito en houston...
y todavía me hacen ir a su escuela dominical si paso una noche de sábado con ellos. no sé de nadie que haya hecho más con «los talentos» que les fueron concedidos, y se ve en
sus ojos,
su apretón de manos,
su risa franca y alegre.

¡oh! ojalá hubiera en el mundo
más horas de buen humor y risa alegre,
miradas claras y apretones calurosos,
corazones dispuestos a perdonar y
bolsillos generosos.

que en las horas y horas que van llenando nuestra monótona vida cotidiana hubiera destellos radiantes y pedazos de cielo:
maría y un vaso de perfume de nardo.
pablo y su canto en la cárcel.
Jesús charlando con Zaqueo una tarde.

o limpiando los pies a los discípulos
o poniéndose un niño en el regazo.

quiero cultivar un jardn en mi pequeño mundo.
quiero plantar en él lo mejor de ann, día tras día,
para que un día el Señor pueda decirme...
«bien, ann. ¡has sido sierva valiosa y fiel!»

JENNIE

la semana pasada, vino mi amigo víctor oliver a boston.
victor es el director jefe de tyndale, la casa editora que
publica mis libros en norteamérica.

le dije que fuéramos a un restaurante que hay al otro
lado de la calle, donde voy con frecuencia.
el dueño y las muchachas que sirven me conocen. es
una pequeña parte de mi mundo. procuro que ellos
conozcan a Jesús.
estábamos sentados en un ángulo quieto en una de
las salas. no había visto nunca a jennie, la chica que
nos servía a la mesa.
    «jennie, ¿no trabaja karen hoy?»
    «no... hoy tiene el día libre...»
    «muy bien, dile que pregunté por ella...»
    «ya sé quién es usted... es la señora que escribe li-
bros.»

    me dio una alegría. luego la chica añadió:
    «¿es usted de los cristianos que dicen que han na-
cido de nuevo?»
    «yo sí, ¿y tú?»
    «yo no...» —me contestó.
    «jennie, ¿te gustaría venir a mi apartamento un día
al salir del trabajo, que charlaríamos las dos?»

    me dijo que vendría.
    y vino.

y hablamos largo y tendido y bebimos té.
ella lloró. yo lloré.
y las dos cantamos estrofas de himnos y otras canciones.

allí mismo, en mi sala de estar,
un lunes por la noche
le dije a jennie que Jesús vivía para ella y que NO
IMPORTABA lo que hubiera hecho, que Jesús la
amaba.

«¿podríamos orar, ann?»

allí, juntas, nos arrodillamos y jennie dijo:

«oraré yo.»

nunca he oído una confesión más simple y pura.

«oh, Jesús, soy terriblemente pecadora, pero aan dice
   que Tú perdonas a TODOS.
   soy celosa,
   soy adúltera.
   miento y robo y soy una calamidad como esposa y
      como madre.
   pero, ann dice que a pesar de todo, me amas y me
      aceptas.
   perdóname, querido Jesús, y vive en mi corazón.»

lloramos juntas y Jesús estaba con nosotras.
siempre está.
hay muchas personas en el mundo que no son tan sin-
ceras como jennie... tan honradas. muchos se avergon-
zarían de confesar todos estos secretos.
pero, no jennie.
Dios te bendiga, jennie.

hablamos de sus amigas. me dijo que sus amigas no tenían muchas cosas. se me figuró que tampoco las tenía
ella. decidí que podía darle algunas de las mías. y llené
un carrito que tenía a mano de sábanas y toallas y ves-

tidos y camisas, batas de noche y dos abrigos de mi armario. le di también un disco de música.

empujamos el carrito al ascensor y desde allí lo llevamos a su automóvil, en la calle.

jennie, con los ojos arrasados de lágrimas, me dijo:
«oh, ann, me siento como una niña.
nueva por dentro. tengo a Jesús conmigo, gracias ann, por ser mi amiga...»
la abracé en un impulso.
es increíble que una noche corriente de un día de trabajo pueda hacernos obsequio de algo tan bello. una persona antes desconocida y de repente viene para que mis sueños cobren vida. Jesús fue quien lo hizo. El llevó a jennie al restaurante...
el amor iluminó la noche.

una persona cristiana más en el barrio.
¡VIVA!

regresé al apartamento llorando de alegría.
el gran objetivo de mi vida es hacer lo que Cristo haría si estuviera en el lugar en que yo estoy.

el redactor de la sección de religión de un diario importante de la ciudad vino para hacerme una entrevista
y me preguntó varias veces:

«¿cuál es su mayor aspiración?»
«¡vivir una vida cristiana verdaderamente!»
«no, no... no quiero decir esto... quiero decir escribir cierto libro o visitar algún país extranjero o recibir alguna distinción.»

«no, señor... no quiero nada de eso... el único
deseo de mi vida es seguir a Jesús...»
seguir a Jesús
significa encontrar jennies a mi alrededor
y encontrar jennies es lo que me importa.

ALICIA

esta es una historia
que muestra cuán poco sé acerca del
amor de Dios.

el día anterior había dirigido la palabra a un grupo en
west point.
tenía un día para pasar en boston, antes de coger el
avión para anchorage, alaska.
el teléfono sonó muy temprano por la mañana.

«ann, soy alicia...»
«¿alicia?»
«sí, ya me conoce... la llamé un día por teléfono hace
algún tiempo... vivo en iowa.»
   «oh, leerías alguno de mis libros, ¿no?...» y sonreí.
   «ann, he ahorrado bastante dinero y me he escapado
de mi casa.
he venido a boston para ir a vivir con usted.»

   «¡ALICIA!, alicia... tú no has hecho esto. es imposible.
yo sólo tengo una cama,
y estoy siempre fuera de casa, yendo de un sitio a
otro...»
alicia rompió a llorar. no se llevaba bien con su madre
y no podían vivir juntas. alguien le había robado la
maleta en la que llevaba su bolso, y no tenía vestidos.

yo no tenía inconveniente en darle mi vestuario...
LO QUE FUERA, sólo que
no tuviera que entregarme a mí misma.
   «alicia, ¿qué medida vistes?»
   «Veinte.»

yo visto seis u ocho, y me di cuenta que las cosas no
se iban a resolver tan fácilmente.

«¡Jesús, ayúdame! ¿qué es lo que debo hacer?»
pasamos casi una hora hablando por teléfono:
escuché sus problemas y le di buenos consejos.
acordamos que le dejaría 50 dólares en la oficina
del vestíbulo del edificio.
ella debía recogerlos y regresar a iowa en el primer autobús.

le dije firmemente que no es posible huir de los problemas. ella debía quedarse en casa y hacer frente a la
situación y dar tiempo a Dios para que la ayudara a
poner las cosas en orden.

Hice la comida del mediodía con una señora, en boston, pasé la tarde haciendo el trabajo planeado, y por
la noche tenía que encontrarme con una vecina para ir
a cenar. era un poco tarde. iba a entrar en mi apartamento para recoger algo antes de ir a la cena, cuando
al entrar en el vestíbulo vi en uno de los bancos a una
chica sentada...
¡tenía que ser alicia!
estaba lloviendo y su cabello, mojado, le caía en greñas
sobre la cara. estaba encorvada y tenía un aspecto pa-
tético. pasé de largo, pero ella se levantó y me siguió
hacia el ascensor.
me quedé consternada.
no cuesta mucho amar a las personas
de buen aspecto
que «huelen» bien
que son RESPETABLES.
pero... ¡eso no!... alicia no podía venir a vivir
conigo.

no hubo cena para mí en el restaurante aquella noche.
estuvimos hablando horas enteras.

le hice una sopa, le di caldo, le di té.
no sirvió de nada.
finalmente le sugerí que oráramos.
en realidad era yo la que lo necesitaba.

«oh, Jesús, ayúdame a ser paciente, a comprender y
a amar a alicia... y ayuda a alicia a aceptar la responsabilidad de resolver sus problemas en su casa.»

y añadí, por mi cuenta:
«Jesús, ya sé que Tú has dicho que «todo lo que hi-
ciereis a uno de estos pequeñitos...»
pero, TU no quieres que yo ceda la mitad de propia
cama a alicia, porque sólo tengo una.
«¡YO NO QUIERO QUE ALICIA VENGA A VI-
VIR CONMIGO!»

Bueno, al final quedamos en que un empleado de cierta
institución de beneficencia vendría al hotel a recoger a
alicia la mañana siguiente, después de haber salido yo
en avión a las 7 de la mañana y se haría cargo de ella.
aquella noche dormí muy poco. me pasé cuatro horas
orando y al fin Dios llenó mi corazón de amor por
aquella criatura. salté de la cama y me arrastré al col-
chón tendido en el suelo en que ella dormía, la abracé
y lloramos las dos juntas.

se encontraba tan sola y asustada
sin saber qué hacer...

fui a anchorage y de regreso, al cabo de cuatro días, te-
lefoneé a la institución benéfica para saber algo de alicia. me contestaron que no habían podido encontrarla
en ninguna parte. no sabían nada de ella.

pero yo sabía una cosa, de mí misma.
es el amor de Jesús el que cuenta,
no el de ann.
ann falla.
ann estaba dispuesto a darlo todo
menos a darse a sí misma.

«Jesús, ¡no me dejes! debo aprender bastante más respecto al amor.»
son las «alicias» del mundo las que demuestran si Jesús es mi Señor.
si el amor es la fuerza vital de mi vida.

GENTE COMUN EN DIAS CORRIENTES

hoy me dijeron que una amiga mía había estado en una
recepción dada por una reina que pasó por boston;
estuvo en ella de veras.

no todo el mundo fue invitado;
eso hubiera sido imposible.
yo fui una de los muchos que no lo fueron.

ahora bien. estoy a punto de irme a la cama... pero
quiero que sepáis que, si bien soy una persona corriente, hoy ha sido un gran día para mí.

monté en mi bicicleta con cambio de marchas y crucé
todo boston, hasta llegar al río charles,
con el viento dándome en la cara,
el sol en el cogote.
y riéndome todo el rato.

después me bañé, me puse un vestido largo,
me até el pelo con un lazo
y me sentí bonita.
cogí un taxi y me fui a una iglesia del centro.
entré en ella erguida como si perteneciera
al círculo de los íntimos en la presencia de Dios.

por la noche ha habido fuegos artificiales
en el puerto, y los vi, con otros miles y miles
de personas, que gritábamos y aplaudíamos.
el cielo parecía estallar de puntos y chorros de
luz y color, y me sentí contenta,
contenta de existir.

parece increíble, pero cada uno debe dar su color
al día en que vive.
lo que cuenta no son las personalidades que cono-
cemos,
ni los acontecimientos importantes que están marcados
   en nuestras agendas.
lo que cuenta es la VOLUNTAD de ser feliz.
   de poner humor en los percances,
   de confiar un día corriente y vulgar a Jesús para
      que El se las arregle para transformarlo en una
      aventura.
¡te reto a que trates de encontrar en el día de HOY
   todo el misterio y encanto que contiene este corto
   período.
   pruébalo y tendrás una sorpresa!

para Cristo no hay reinas ni mendigos andrajosos
   en El hay potencial para corazones fuertes y grandes,
   amor profundo y conmovedor y la habilidad para
      transformar
   la guerra en paz,
   las disensiones en harmonía,
   la indiferencia en cuidado
   para sanar y reconstruir el mundo.

mi amiga importante,
que pasó el día con la reina,
me visitó, y tratamos de decidir cuál de las dos había
pasado el mejor día... ella o yo.
hablamos y al fin...
no es posible equivocarse...
acordamos que era yo.
por lo de la bicicleta y el sol
y ser libre para crear, que son cosas más emocionantes
que

estar almidonado en una serie de ceremonias...
llevando toda clase de perifollos,
con los nervios de punta por no faltar
a la etiqueta.

si uno quiere serlo,
puede ser feliz dondequiera que se encuentre.
pero,
depende de cuanto empeño se está dispuesto a poner
para conseguirlo.

simplemente, recuerde,
es difícil hacerse idea de lo interesante que puede ser
un día vulgar y corriente, sin planes previos, pero
dejando a Jesús que tome las iniciativas.

esta es una historia que le va a gustar.

la leí en una de estas revistas populares.

se trata de una madre que lleva a sus dos hijitos a un parque, donde hay algunos juegos y atracciones para los pequeños. ayuda al mayor a sentarse en un columpio y deja al bebé jugando en la hierba y se sienta para vigilarlo. la madre está completamente rendida.

al poco aparece un mocosuelo, sin camisa, llevando sólo unos pantalones con varios sietes y sin calzado.

«¡hola!» —le dice a la madre—. «¿es suyo este bebé?»

«sí.»

«pues está usted de suerte, yo tenía uno y se murió la semana pasada. mi madre dice que tendremos otro. ¿tienen sus niños un papá?»

«¡sí!, pero está en el hospital...»

«pues también está de suerte, porque tienen uno y tienen de todo por lo que veo. yo, dice mamá, que tenía uno, pero que no le gustaba estar en casa y se marchó. pero, mamá dice que tendré otro...»

el muchacho recogió un pedacito de cordel lleno de nudos que había en el suelo y sentándose en el banco con la madre fue deshaciendo los nudos pacientemente. al terminar, entregó el cordel a la madre, después de alisarlo bien, y le dijo:

«tome, señora, es un regalo.» la madre cogió el cordel y se lo puso en el bolso. además, sonrió. el chiquillo se marchó, pero el hijo propio desde el columpio, vio a su madre sonriendo y le preguntó:

«¿de qué te ríes, mamá?

«de nada, hijo, vamos otra vez para la casa.»

de vuelta, la madre, fue mirando el cordel sin nudos y le vino a la mente la idea que su vida, también llena de nudos, podía ser alisada por Dios. y que, aunque no lo pareciera, de veras «estaba de suerte».

cuando más adelante se le ensombrecía la frente por la preocupación, la madre volvía a contemplar el pedazo de cordel y con ello reaparecía la sonrisa.

hoy, probablemente, me siento como la madre cuando se dirigía al parque. no puedo ver ningún claro de sol en el gris del cielo, que es como una lámina de plomo.

tengo el coche aparcado abajo con cuatro macetas tumbadas en el suelo y la tierra derramada. las plantas tienen sus raíces al aire y se están secando. se me tumbaron cuando regresaba del trabajo anoche, a las once, después de un día de quince horas.

hoy ha sonado muchas veces el teléfono, y cada vez esperaba que por lo menos sería una llamada que me ofrecería algo de alivio, algún plan interesante... eran:

el ama de llaves de uno de los dormitorios del «college»,

una chica que se ha quedado sin habitación para el próximo semestre.

una invitación para una charla a la que tuve que decir que no.

un profesor que quería reservar una habitación para huéspedes.

una señora que no podía encontrar mis libros en ninguna librería.

mi mesa despacho está cubierta de cartas por contestar y notas... que me recuerdan asuntos por resolver.

esta noche, después de tomar un baño, caí de rodillas y confesé mi pecado de intensa preocupación y ansiedad.

tengo una serie de arrugas en la frente todo el día.

hablo de modo desabrido y descortés a la gente.
recibí visitas pegando sellos y haciendo otras cosas
   al mismo tiempo...

Dios no es responsable porque yo esté cansada y en-
   ferma.
yo lo soy.
Dios no tiene ni tan sólo la oportunidad de llevar mis
   cargas.
soy yo que asumo toda la responsabilidad, dejando a
Dios en algún lugar, detrás, entre el revuelo del polvo
que levanto. Entretanto, mis nervios van aumentando
la tensión y estoy entrando en pánico.
son casi las doce, y todavía no he terminado. no puedo
   suprimir el desgaste que me causa mi ansiedad en
   la mente y el cuerpo.
no puedo recuperar las horas perdidas... esforzándome
   y preocupándome.
son varias las horas del día de hoy en que mi rendi-
   miento ha sido mínimo por la tensión interior.
hoy no he salido para que me diera el viento o para
   oler la fragancia de las flores, ni aun me he reclina-
   do contra el respaldo de la silla y he respirado pro-
   fundamente,
ni he dejado que se deslizaran por mi mente pensa-
   mientos sosegados y quietos.
no estuve contenta de simplemente existir,
no he pensado en nadie más que en MI.
ni aun Dios ha podido introducirse un puntito en mi
   cabeza,
por lo que el día ha sido perdido de modo ridículo en
   cosas sin la menor importancia para mi destino.

c. s. lewis dice que nuestras mayores cualidades son
nuestros puntos flacos más vulnerables. es verdad. es
bueno que trabaje de firme...

que sienta el dolor y sufrimiento de todo el mundo
que me levante por la mañana y entre en la vida
del día como una tromba, puesto que tengo tanto por hacer.
pero es malo que
me haya olvidado que Jesús puede hacer
mucho más por medio de mis esfuerzos si estoy tranquila
y reposada y me pongo a su disposición.

estoy también avergonzada porque olvido con dema-
siada frecuencia que Jesús está muy interesado en con-
versaciones de corazón a corazón,
en que juegue con el niño del vecino
o que tomemos unas tazas de té con una amiga.

El quiere que los gerentes sean también «papaítos»
y los ministros aprendan a reír a gusto.
que establezcamos amistades, nos arrellanemos bien en
una butaca y que soñemos.

El quiere que «andemos sin desmayar», «corramos sin
angustiarnos».
dice: esperad en Mí,
vuestra carga será más ligera
podréis llevarla sin arrugas en la frente ni
nervios destrozados…

«Jesús, hoy me he angustiado por TODO.
esto es un pecado.
lo confieso.
quita esta presión de mi vida
y encauza mis actividades para que sean pausadas,
tranquilas, simples.»

amén, amén.
mañana procuraré hacerlo mejor.

no hace mucho que me presentaron a una señora que
había perdido cuatro de sus seis hijos en un accidente
de automóvil no hacía mucho.

con todo asistió a la convención.
tocó el piano.
lloró, pero también se sonrió.
participó en todas las actividades.
pudo contar de todo corazón.

que tanto ella como su esposo pudieran aceptar esta
    tragedia en sus vidas...
    que pudieran creer en la capacidad de Dios para
        transformar la pena en algo «hermoso»...
        es para mí un verdadero milagro.
        un milagro de curación.

* * *

hace seis años ocurrió un milagro en mi propia vida,
cuando pat boone vino a mi grupo de juventudes en
    california.
no olvidaré nunca mi deuda a Dios y a pat, por este
    gesto que considero extraordinario.
hay muchos hoy en día que desean a un «pat boone»
    en su mundo,
pero, yo veo milagros que son mucho mayores que
    este.

mi hermana habló en un banquete, y después, un ma-
    trimonio muy agradable vino a saludarla. jan les
    preguntó:
    «¿tienen hijos?»

«sí... tenemos dos. uno está con el Señor, el otro
tiene trece años.»

entonces le explicaron a jan que uno de sus dos hijos,
que creció normal hasta los tres años, fue afectado por
un tumor cerebral que terminó con él en unas pocas
semanas.

sus vidas no quedaron amargadas.
el hijo todavía era suyo...
sólo que ahora vivía con el Señor.
¡tener tal ESPIRITU es algo maravilloso!

el mayor crecimiento...
los milagros...
tienen lugar en momentos de adversidad.

* * *

no es infrecuente hoy en día mudarse de una ciudad
a otra. una amiga mía, madre de tres hijos, se había
mudado seis veces en los últimos tres años, por cambiar su marido de trabajo. una noche su esposo al llegar le comunicó que tendrían que mudarse otra vez.
Mi amiga consideró que otra vez era ya demasiado. le
dijo resueltamente que no podía hacerlo.
al día siguiente decidió llevar a sus hijos a la playa y
pasar allí el día. se llevó la comida y los hijos en el
coche. había millares de personas en la playa. era un
día caluroso y húmedo. los niños estaban jugando por
la arena alrededor. ella sentada, iba mirando las olas
y el horizonte, esto en general le calmaba los nervios,
pero hoy estaba tan cansada y hastiada que ni le importaba.

de repente echó de menos a michelle, la niña de
cinco años. al poco vio que se le acercaba corriendo

el guarda salvavidas trayéndole la niña, que chorreaba agua por todas partes, pero tosiendo y escupiendo ya. Casi se había ahogado.

Dios hizo que el guarda viera a la niña, entre miles de personas...

si Dios podía rescatar a la niña...

la madre pensó... también me puede rescatar a mí.

la madre aceptó la nueva mudanza y venció su inercia.

uno de los milagros de Dios es que nos ayude en la solución de los problemas de la vida.

* * *

una mujer pudo comprobar que su esposo tenía relaciones amorosas con otra mujer. tuvo que tomar la decisión de vivir con él o solicitar el divorcio.

su corazón estaba lleno de amargura.

más adelante me dijo:

«el milagro ocurrió cuando fui capaz de PONER EN MANOS de Jesús este problema. le dije a mi marido que sentía el odio y amargura que mi actitud había traído a la casa, debido a mi pena. también di excusas a mis hijos por mi resentimiento.»

es un milagro que una persona pueda encontrar recursos de nuevo para reconstruir su felicidad y no permita que algo que podría destruir su paz interior produzca su efecto.

empezó a plantar con la ayuda de Dios... semillas de amor y de amistad. sus hijos también recogerán los frutos.

todavía conservo como regalo suyo un vestido de color morado que llevo de vez en cuando.

* * *

la primavera pasada fui en avión a seatle, para hablar. fue un vuelo largo, con tres horas de espera extra, en un empalme.

estaba cansada.

al salir del avión, un matrimonio joven me hizo llamar por el altavoz, me saludaron y me dijeron que habían solicitado de la iglesia el poder venir a buscarme.

llevaban consigo a paula, una niñita de tres años, la cual noté que llevaba un aparato ortopédico en las piernas. tuvimos que llevar a la niña en brazos, por turnos, hasta llegar al coche.

en el coche, paula quiso sentarse detrás, conmigo.

«¿sabes qué?» —me dijo.

«¿qué?»

«voy a tener un hermanito...»

«un hermanito... ¡mmm!»

la madre desde luego no estaba encinta, por lo que me pregunté qué podría significar.

julie entonces se volvió hacia el asiento trasero y me dijo:

«ann, es mejor que le explique algo. acabo de dar a luz un niñito, hace tres semanas, pero se nos murió anoche. mañana será el entierro. paula no puede comprender.»

me quedé sin poder decir una palabra
    de la pena que sentí.

«oh, mike y julie, no debieran haber venido a buscarme si están en una situación así. ¡esto es increíble!

mike contestó...

«ann, estábamos decididos a hacer algo por usted. cuando aún estudiábamos los dos en nuestro «college», usted vino un día a hablar, y le pedimos a Dios que nos diera la oportunidad también de hacer algo, aunque poco, para cambiar el mundo...»

julie me contó que el médico les había llamado hacia la medianoche, diciéndoles que el niñito tenía sólo minutos de vida. les pidió si podía sacarlo del «pulmón de acero» para tenerlo en sus brazos cuando muriera. a los pocos minutos les comunicó la noticia. emocionado, les pidió si podría asistir al entierro.

julie me miró...
   «ann, ¿cree que este médico puede ser movido por el amor de Jesús»
   «sí, julie...»

mike y julie y paula vinieron a escucharme. al día siguiente yo asistí al entierro. allí estaban los padres y el médico junto a ellos.
no pude contener las lágrimas.

antes de regresar a boston les pregunté a mike y a julie:
   «¿cómo se encuentran, de veras?»
   «ann, queremos que Jesús cambie el mundo, y queremos hacer algo también nosotros. quizá si no hubiéramos perdido a aaron michael, no habríamos sabido comprender el dolor de otros. paula tiene parálisis cerebral infantil. nuestro sueño es que pueda andar. quizá hemos de soñar sueños imposibles en nuestra vida para que podamos comprender los de otras vidas. ann... nosotros también ayudaremos a cambiar el mundo...»

tomé el avión para volver a casa,
   pero, nunca volveré a ser la misma persona.

* * *

el amor significa ser vulnerable...
   permitir a Dios poner
      o quitar de nuestras vidas
         todo lo que El crea va a ayudar o impedir que
            seamos más sensibles a

Su Espíritu
y a un mundo moribundo.

los milagros que a mí me importan no se refieren a
automóviles, casas, grandes hechos espectaculares e
inauditos.
los grandes milagros son para mí,
que haya gente paralizada que todavía sonrían e
irradien calor, y puedan creer...
que aquellos que han perdido a los suyos
no se sientan amargados el resto de sus vidas
sino que permitan a Dios que haga que todo re-
dunde para bien...
un milagro es que una persona pusilánime y tímida
se acepte a sí misma y desarrolle
un sentimiento de valor.
es decir, aun aprendiendo a amar a ann.
es un milagro de vivir aceptando imperfecciones:
Dios, cambiándonos por DENTRO,
en vez de cambiar las circunstancias exteriores...
un toque interno que nos ayude a hacer lo
máximo con lo que somos...
que nos ayude a aceptar las cosas que no
podemos cambiar.
Sólo Jesús puede realizar milagros.
¿sabía usted que los milagros le pueden ocurrir a
cualquiera?
pareec increíble... pero Jesús puede hacer estas cosas.

su nombre es jack wright.
hace años que era un predicador...
casado, padre de dos hijas,
pero, algo ocurrió en su vida
que quedó presa de la ira y el resentimiento.
   y se quedó sin familia,
      pastorado y casi se perdió
         él mismo.
más adelante estudió sociología, sacó un doctorado en
esta especialidad, volvió a casarse y se dedicó a la cri-
minología con éxito.
jack wright había estudiado en el mismo «college» nazareno en que yo estudié, en el «northwest college»,
muchos años antes que yo sin embargo.

un día en el material impreso recibido del «northwest
college» (los «colleges» norteamericano envían siempre
folletos y publicaciones a sus antiguos alumnos con in-
formación acerca de su «alma mater») jack wright leyó
una interview que me habían hecho, en ocasión de una
charla que yo había ido a dar a mi «college» y, repito,
el suyo también.

jack wright me llamó por teléfono y con su voz áspera
me preguntó:
   «...¿qué es lo que hace usted... y cómo es que todo
el mundo la quiere?»
   «soy una joven corriente, como todas... y no es verdad que todo el mundo me quiera..., los hay que no
me quieren.»

en la conversación que tuvimos me dijo que ni tenía idea de dónde podía encontrar, en new orleans, donde vivía, una librería evangélica. ¡un antiguo pastor!

el día siguiente fue buscando por la ciudad hasta que encontró una. compró mis libros y empezó ya a leerlos en el coche, de regreso, cuando tenía que parar en los semáforos. compró también una cassette de una de mis charlas.

al escuchar la charla el hombre se conmovió hasta el punto que se le saltaron las lágrimas. me dijo luego que allí mismo, en la sala de estar de su propia casa, después de años de haber desertado a Jesús y su amor, volvió a encontrar el camino.

un tiempo después tuvo una experiencia sobre la que me escribió no hace mucho...

«como usted sabe me gusta correr, y uno de los sitios donde lo hago es en el ribero o muralla de tierra que protege la universidad del estado de lousiana, del río mississipi. la semana pasada estaba corriendo con un amigo y éste se fue quedando atrás. iba corriendo delante solo, y pensando en esto me vino a la memoria una frase que usted usa: "Jesús, ¿estás corriendo conmigo?" la frase me recordó su fe de niña, ann, y también la aventura que tuvo usted, según cuenta, con el equipo de fútbol de california. sentí el deseo de orar: "Jesús, ¿quieres correr conmigo? me duelen las piernas y sería más fácil correr si hubiera otro a mi lado. si estás realmente en mí, Jesús, ¿por qué no me lo muestras, corriendo a lo largo de este ribero?" a otro no se lo contaría, pero a usted sí, y sé que me va a creer. empecé a notar la presencia de Jesús... en mi mente veía a Jesús en sandalias, corriendo a pasos largos como los míos, su cuerpo fuerte y musculoso, como carpintero que era, con el largo cabello alborotado por el viento.

alargué el paso.
generalmente mucho antes de las tres millas
mis pulmones parecen arder... respiro con intensidad,
jadeando, y las piernas me duelen hasta el punto que
tengo que forzarme a terminar la distancia.

pero esta vez sentía que mis pulmones se hallaban re-
pletos de oxígeno y no me parecía correr, sino volar,
como un mozalbete de 20 años, al cruzar el punto de
las tres millas me paré y vi a mi amigo ochocientas yar-
das atrás...
era increíble, que Jesús hubiera estado corriendo conmigo en el ribero del río mississipi.
creo que Dios me dio el aliento para corroborar mi fe,
aunque fuera de un modo infantil. cuando mi amigo
llegó me dijo: "¡oye, parecía que te habían dado alas!"»

sí, es increíble
lo que Jesús hace
con sus criaturas
nacidas de nuevo.

es increíble
    cuán fácilmente perdona
    y espera, y reconstruye.
    ¡cómo ama a personas como jack wright!

* * *

y también a otros como marla. marla conoce bien el
paño cuando le hablan de perdón. se casó por primera
vez cuando tenía diecisiete años. todo parecía ir bien,
pero cuando estuvo en cinta del primer hijo descubrió
que su esposo le era infiel.

un día, antes que naciera el niño ,su esposo, david, iba
a probar una nueva motocicleta y fue atropellado por

un coche... tuvieron que amputarle una pierna. david se volvió insoportable. cuando nació una niña, el padre amenazó que la mataría un día porque lloraba y luego que mataría a marla también.

al final, marla tuvo que irse con el niño para salvar la vida. empezó a trabajar en un restaurante, a una poca distancia de su nuevo apartamento.
un policía que frecuentaba el restaurante, cuando hacía su ronda, empezó a mostrarle simpatía... de esto siguió mutua atracción... y aunque él era casado y con dos niñas, a marla le pareció que le sería difícil resistir.

marla dejó el trabajo y se mudó de apartamento... pero donde quiera que iba, allí la encontraba larry, el policía...
marla le amaba, y al fin se encontró esperando otro hijo. decidió tener el hijo, pero no quiso interferir en la vida de larry, que estaba dispuesto a casarse con ella si era necesario.
marla se mudó a otra vivienda, esta vez a un dúplex. cuando marla fue a hacerse conocer del matrimonio joven que vivía en el otro apartamento del dúplex, éstos, en el curso de la conversación le mencionaron que estaban a punto de salir para ir a un partido de pelota organizado por la congregación a que pertenecían.
marla les preguntó a qué iglesia iban... y también si podía acompañarles el domingo.
fue a la iglesia, una pequeña congregación de suburbio y los miembros se encariñaron con marla, y le ayudaron a aceptar que Jesús podía perdonarla, aunque le fuera difícil a ella perdonarse a sí misma. no les gustó mucho saber que marla había tenido que invitarse a sí misma para ir a la iglesia sin embargo.

dio a luz a un niño y le llamó larry, como el padre, a quien amaba pero que ahora no sabía dónde estaba. no

había terminado todavía la escuela secundaria y asistió a clases por la noche. trabajó de firme, aunque tuvo que recibir ayuda del auxilio social y entonces, inesperadamente
al cabo de quince meses
larry apareció otra vez.
en medio de su porfiado empeño por rehabilitarse, llevando una carga capaz de aplastar a una mujer con mucha más experiencia que ella, que al fin y al cabo era una chiquilla, marla sucumbió a sus sentimientos por larry... una sola vez estuvieron juntos, pero bastó para que volviera encontrarse embarazada.

«oh, ann, no podía creerlo. quería morir. ahora no era ya sólo una vergüenza para mi familia, sino también para Dios. me decía cristiana, que amaba a Jesús, pero hacía un disparate tras otro.
quise escaparme y huir no se dónde. no podía presentar la cara a los miembros de la iglesia. tenía dos hijos y no podía subsistir. ahora venía otro.»

marla se fue al baño y empezó a tomar tabletas, de lo que fuera...
de repente le pareció que la habitación se llenaba con la presencia de Dios. en sus oídos resonaron la estrofa de un himno que había aprendido recientemente en la iglesia.

Maravillosa gracia, que mana de la cruz
que de mi te apiadaste, un pobre pecador.
hallábame perdido, temblando de terror
pero tú mis tinieblas, has convertido en luz.

allí mismo, en el baño, Jesús se apareció
a marla; allí...
en medio de su pecado y su fracaso...

El la amó y la perdonó
de nuevo.
encontró amor suficiente para empezar otra vez.

también en la iglesia la aceptaron
y la perdonaron.
no sé dónde está esta iglesia, pero
sin duda es tal que daría satisfacción a Jesús.
muchas otras iglesias habrían perdido la fe
en marla y la hubieran desechado.

esta vez marla decidió dar la niña en adopción.
la niña estará ahora creciendo en algún hogar y la
amarán... probablemente marla no la verá otra vez,
hasta que la vea en el cielo.
    y habrá muchos que comprenderán
        esta pena, que es para toda una vida,
            que una parte de la carne y sangre de uno mismo
                se separe y siga un curso distinto.

pero, hoy marla está casada a un hombre
que la ama a pesar de su pasado.
confía en ella y cree en ella y la perdona,
como Jesús ha hecho...
Dios le ha dado más hijos
y su casa está centrada en Cristo.

como se puede ver,
parece increíble...
    pero esta es la medida de
    la profundidad,
    la anchura y
        la altura del amor de Dios.

quedan cicatrices...
    claro.

segamos lo que sembramos...
   verdad.
pero, los pecados son perdonados.
marla ha sido renovada,
vuelve a ser sana, entera vivificada.

*   *   *

queda una persona por conocer...
esta persona es hugo gorman

británico de nacimiento.
creció en irlanda.
de una familia de clase obrera, pobre.
a los diecisiete se alistó en el ejército de la gran bretaña
y sirvió en él durante cuatro años,
aunque la mayor parte del tiempo estuvo
   sufriendo arrestos por varios delitos,
      borracho, ausente sin permiso, insubordinado,
         desobedeciendo órdenes, apoderándose de lo
            ajeno,
            profiriendo amenazas de muerte...
   muchas veces en celdas de castigo,
   a pan y agua.

finalmente se le dio la licencia absoluta del ejército,
pero con caracterización de «deshonrosa», se le abrie-
ron las puertas de la cárcel y fue conminado a no tratar de incorporarse a ningún cuerpo militar otra vez.

hugo hizo grantes planes respecto al modo como iba a
vivir, pero, todo terminó en nada. pronto empezaron las
borracheras, atracos, robos a mano armada. era el terror
de Belfast.

me dijo un día: primero bebía con los amigos, para
pasar un buen rato; luego, para olvidar las cosas que

había hecho... para no acordarme de ser
quien era.

«ann, en mi corazón me odiaba...
me odiaba ferozmente, más de lo que había odiado a
persona alguna en el mundo. incluso ahora, al recordarlo, tengo que llorar otra vez...»

un sábado por la noche, al salir de un bar
en belfast, en la esquina
de la calle vio un grupo de gente reunida. era una
reunión de testimonio evangélico. el pastor que
hablaba le conocía, y le dijo:
«¡gorman, Dios puede cambiar tu vida!»
hugo se puso a reír.
no podía por menos:
    nada ni nadie podía hacerlo.
        sus padres habían fracasado.
        el ejército había fracasado.
        los psicólogos de la cárcel.
        ¡hugo gorman mismo había procurado con ahínco
        cambiar su vida, pero no lo había conseguido!

sin embargo, cuando después de dar media vuelta se
estaba alejando, deseaba en el fondo de su corazón que
fuera posible.
quizá si pudiera empezar otra vez.
no tenía idea de que Jesús podía cambiar corazones.
para él los cristianos simplemente llevaba biblias bajo
    la axila. y a veces cantaban.
el pastor que predicaba en la esquina acudía
    regularmente cada sábado, para hacer la reunión
    callejera.
en varias ocasiones al pasar gorman, saliendo de la ta-
berna el pastor le decía Dios PUEDE cambiar tu vida!»

un día el pastor invitó a hugo a una reunión de aviva-
miento que se iba a celebrar en su iglesia. gorman pro-
metió ir y, cuando el día señalado, una muchacha en-
viada por el pastor fue a buscarle, gorman fue con ella
a la reunión.

«el predicador siguió hablando del amor de Cristo,
ann... repitió una y otra vez que Jesús me amaba, incluso a gente como yo. ¿podía ser posible?»

este amor a la persona, tal cual es, genuino, es lo que
intrigaba y conmovía a gorman.
su padre se avergonzaba de él.
los otros padres procuraban evitar que sus hijos se pu-
    sieran en contacto con él, con gorman, o acabarían
    también mal.
hugo no sabía lo que era ser amado
y se preguntaba si realmente Jesús podía haber muerto
para que su vida, la de hugo gorman, pudiera ser cam-
biada.

cantaron un himno:

Grande fue la gracia de Dios
que mostró a mi pecador;
tierno fue el amor de Jesús,
pues su sangre El derramó...

hugo dice que antes de que se hiciera ningún
llamamiento
antes que levantara la mano...
antes de acudir al oratorio
ya había entregado su alma
a Cristo.

lo que sus padres habían deseado inútilmente...
y que el ejército tampoco había conseguido,

72

y las autoridades de la prisión nunca habrían hecho,
Jesucristo lo efectuó en un momento.

hoy
hugo es pastor de una iglesia pequeña
en un lugar apartado del Canadá.
sus ojos brillan
   y su espíritu es radiante.
   con él está su esposa, y con los dos
   yo he derramado lágrimas de adoración y
   agradecimiento.

el tremendo poder del Espíritu Santo triturando nuestras vidas... haciendo fragmentos de nuestro yo...
   como dice mi amigo bill jackson...

      «estoy postrado delante de El, sin nada, desnudo...
      un pecador que necesita la gracia.
      un guerrero que necesita nueva vida:
      energía del Espíritu Santo que
         se hace visible en jóvenes, empleados de
            gasolineras,
         vendedores callejeros, muchachas de servicio...
      un amor que no le teme al mal,
         que se ríe simplemente ante los débiles efuerzos
           de Satán,
         que se planta delante de una montaña y le dice:
          "en el nombre de Jesús, muévete hacia allá"
         y la montaña se desmorona,
         y queda arrasada.»

¡aleluya, aleluya! ¡amén!

DEPENDENCIA

algunas personas no saben devolver el amor:
siempre van captando, más y más...
    siempre están dependiendo de alguien...
    y en vez de crecer y hacerse cargo de sí mismos,
    parecen prosperar a costa de otros.
sacan ventaja del tiempo y esfuerzo de los demás,
hacen a los que le rodean responsables
por su felicidad.

una vez hablé en una convención y en ella conocí a una
chica que tenía muchos problemas. un grupo de señoras me dijo que ellas habían pasado horas enteras hablando con ella por teléfono.
    le habían dado muchas comidas...
        le habían hospedado en sus casas...
pero que nada parecía ser suficiente. estaban fuera de
sí. después de una de las sesiones noté que había una
chica que estaba esperando para hablar conmigo.

    me dijo que nadie la quería.
    que a los miembros de la iglesia no les importaba.
    que su vida estaba destruida
    ...y
    ¿quería yo ser su amiga?
    le dije que la razón por la que no tenía amigos era
porque había ya sacado de ellos todo lo que le podían
ofrecer. le habían dado tanto que ya no tenían nada
más que darle, ni energía, ni recursos, nada.

un día, después de regresar a boston, sonó mi teléfono,
y era esta chica.
    me dijo que iba a suicidarse.
    que se había escapado de casa

que un mundo indiferente no era sitio en que vivir.
tengo que admitir
que me puse FURIOSA.
«un mundo indiferente»
se le había mostrado más amor a leslie
que el que recibimos muchos en todo el curso de la
vida.

me negué a que me maniobrara en una posición de
lástima... aceptar una historia de lágrimas hubiera
sido nada más que reforzar su comportamiento repro-
bable.

acepté pagar la conferencia a larga distancia y le
dije que no tendría inconveniente en conversar...
pero, que no quería saber nada de suicidio. que
de lo que teníamos que hablar era de algunas cosas que ELLA debía hacer, para permitir que Dios
la ayudara en la situación en que se encontraba.
muchos pastores y sus esposas dedican horas y horas a
dar consejo psicológico espiritual, a veces hasta medianoche. hay personas que quieren cambiar realmente,
y usan estos consejos, y el tiempo que les han dado,
como pasaderas hacia el otro lado.
pero, algunos no tienen interés en hacerlo ni intentarlo:
es tan fácil y cómodo ser infeliz,
depender de otro les hace sentir bien.
como cristiana lucho con este problema, porque siento
la responsabilidad de preocuparme de los demás, pero
hay un LIMITE a lo que yo puedo dar o hacer. no me
importa andar 40 millas con otra persona, siempre y
cuando la otra persona ande también conmigo. no si
tengo de arrastrarla. ¡esto es lo que hace la diferencia!

* * *

recuerdo una estudiante en el «college»
se sentía muy insegura socialmente...
    tenía pocos amigos...
        estaba realmente asustada en el mundo.
pasamos horas juntas.
me escribía diarios sobre sus sentimientos cada día
y tratamos de hacer planes para conseguir
que se sintiera cómoda con los demás,
que se aceptara más y más tal como era.
oramos juntas innumerables veces.
el pasaje preferido para mí para esta chica, era:
«que Dios os bendiga abundantemente,
   y os haga libres de toda ansiedad y temor.»

                        (1.ª Pedro 1:2) (TLB)

marie acabó viviendo prácticamente en mi oficina. creo
que me observaba desde la ventana de su dormitorio
cuando yo pasaba en el coche por la mañana, porque
a los tres minutos de entrar en la oficina, entraba ella
también.

un día la hice llamar.
le dije que lo que tenía que decirle iba a ser doloroso
y que no tenía inconveniente en que llorara porque yo
también lloraría si estuviera en su lugar. le dije que la
quería y que no había perdido la confianza en ella...

        pero, que yo no podía formar todo su mundo.
        que yo era sólo una persona en el mundo y
        además de mí habían muchas más...
        que no era saludable para ella establecer toda
        su seguridad alrededor de mi persona; que algún
        día yo no estaría cerca de ella, porque ella se
        graduaría, o yo no trabajaría en el «college» y
        que Jesús quería que ampliáramos los límites de
        nuestras vidas.

que ella no debía pasar tanto tiempo en mi oficina.
que tenía que buscar y desarrollar nuevas amistades.
y que yo insistía en esto precisamente porque la
amaba.

marie sollozó
se sintió herida.
lloró
y lo comprendió.

pasaron varios días antes que marie se hubiera
    recobrado
pero lo consiguió. marie SABIA que yo la quería,
pero no de una manera que la dejara baldada.
tuvimos unas cortas sesiones para planear maneras de
    mejorar su apariencia,
y mezclarse y tener actividades con los otros.

marie es hoy una maestra respetada.
una de las personas más agradables
que conozco.
ella aceptó la responsabilidad y el reto,
en vez de procurar ir sacando más y más de mí.
empezó a plantar semillas de amistad y amor.
hizo cosas especiales para las personas queridas:

        pastelillos al horno,
        tartas de cumpleaños para las chicas de
        su dormitorio.
        cosía vestidos de boda para amigas.
        su mundo se amplió.

muchas parejas se casan porque
uno, o los dos, temen que no podrán pasar
sin el otro...
    su felicidad depende
    del apoyo y cuidado que reciben del otro o
        recíprocamente.

esto no es amor.
esto es hacer a otra persona totalmente
responsable por el bienestar propio.

el amor vive, crece, respira
    pero, sólo cuando además de recibirlo
    aprendemos a devolverlo.

no importa la cantidad de amor que
demos a otra persona...
    a menos que la persona esté dispuesta a correspon-
    der a este amor... a sembrar su simiente de amor
    en el terreno de la primera...
    no puede haber crecimiento.

no es saludable para nosotros tampoco permitir a otros
que exijan
que seamos sus únicos apoyos,
su única fuente de amor.
hemos de establecer límites.
hemos de amarles BASTANTE como para forzarles
    a asumir responsabilidad por su propia
        felicidad y bienestar.
si dejamos que otros nos manipulen y hagan creer que
debemos acarrearles sobre nuestros hombros durante el
resto de la vida, no podremos enseñarles nunca que,
para caminar,
    lo primero que deben hacer es dar los primeros
        pasos... y sólo entonces Dios puede guiarlos,
            cuando ellos están dispuestos a hacerlo.

es extraordinario e increíble, ¿verdad?
el amor sólo es válido
    dentro de ciertos límites:
        para que sea bueno hay que darlo...
        pero, más allá... ¡y hay que quitarlo!

«Jesús, ¡enséñanos a amar a los otros!
   haz nuestro amor saludable.
      que demos todo el que Tú deseas que demos
         para que sirva como soporte, ni más ni menos
            que TU darías si estuvieras en nuestro lugar.

enséñanos. pues, los límites...
y cuando debemos esperar responsabilidad...
para que de nuestro amor salgan
personas más robustas, no lisiadas.»

GENEROSIDAD

se cosecha lo que se siembra.
se recoge de la vida lo que se ha puesto en ella.
la gente le tratan a uno como él trata a los demás.
el derecho a que se haga caso de nosotros
nos lo debemos ganar.
finalmente... la GENEROSIDAD suele ser devuelta con
creces.

cuando los estudiantes del «college» venían a mi oficina y expresaban profundo resentimiento y hostilidad
contra sus padres, generalmente les decía:
      «si tratáis a vuestros padres con respeto, pacien-
      cia y comprensión, algún día vuestros hijos obra-
      rán con vosotros de la misma manera.»

un día los padres de una estudiante vinieron
    para decirme que estaban INDIGNADOS
    por la forma en que había tratado a su hija.
    que no tenía capacidad para el cargo que ocupaba
    y que me había mostrado muy poco juiciosa.
        ¡paciencia...!
hoy, al cabo de años, tratando de recordarlo estoy convencida que, puesta en el mismo caso, haría de nuevo
la misma decisión que tanto disgustó a los padres. pero,
esto es lo de menos. tuviera razón
    o no la tuviera entonces,
      lo que ahora para mí es importante es otra cosa...
      o bien tenía que ponerme a la defensiva, y resen-
tirme de sus agravios (con lo cual yo hubiera llevado la
    carga), o bien podía perdonarles la ofensa infligida.

para decir la verdad, mi mayor inspiración para dejar a Jesús que me ayudara a perdonarles fue la advertencia de que:
«seréis perdonados en la misma medida
que vosotros perdonáis a otros...»
la generosidad afecta todas las áreas de nuestra vida, nuestra actitud y estado de ánimo,
nuestra disposición y nuestra libertad.

recuerdo que cuando era niña mi madre siempre preparaba un bocadillo o incluso daba una comida entera muchas veces al cartero y operarios que reparaban desperfectos en la casa. en general la mesa siempre estaba puesta para el que llamara a la puerta. especialmente recuerdo a un individuo gordo y corpulento que comía una barbaridad, a mi juicio de niña más de lo que le correspondía.
yo incluso lloraba.
no me gustaba que los demás
se comieran nuestra comida.

entonces mi madre nos recordaba...
«algún día vosotros estaréis esparcidos por
el mundo, y si yo me preocupo de los hijos de otras
madres y los cuido, Dios procurará que haya quien
se preocupe de vosotros.»
¡cuánta razón tenía mi madre!
fred, jan y yo hemos cosechado este fruto de amor.
miles de veces otros nos han hospedado y nos han amado. había unos misioneros que regresaban a los estados unidos procedentes de un país de misión. su hija no estaba preparada para hacer frente a los cambios que significaría vivir en un país de cultura occidental, por lo que nuestra madre sugirió que la chica podía quedarse con nosotros, en hawai.
«podrá estarse unos meses en el

dormitorio de las gemelas» —dijo.
¡unos meses, nada menos...!

nosotros no teníamos el mismo corazón que nuestra madre. como niñas, éramos más bien egoístas.
en todo caso considerábamos que nuestro
dormitorio estaba ya más que lleno con
nosotras y nuestras cosas.

pero connie llegó.
la amamos.
las tres nos avenimos.
estoy contenta que connie estuviera con nosotras. pasaron cosas maravillosas, grandes sorpresas... más
adelante, los benners me dieron la habitación
destinada a los visitantes en su casa para que
yo la usara, cuando enseñaba en la escuela
y necesitaba un sitio donde hospedarme. y
aquellos fueron años difíciles.

para Navidad, en nuestra casa,
hacíamos lo mejor que podíamos el uno por el otro.
al abrir los regalos de navidad, como es costumbre
hacerlo en los estados unidos,
no podíamos por menos que llorar...
de sorpresa.
estábamos asombrados de los regalos que recibíamos
el uno del otro, que representaban horas y horas
de trabajo para ganar lo que valían, además de
ingenio y tiempo para escogerlos.
había algo especial en algo tan sencillo como
los regalos de navidad, poníamos todo nuestro
corazón y entusiasmo al rojo vivo, que no ya
vibraba sino que estallaba.
Dios nos enseñaba a vivir el amor a lo GRANDE.

he hablado en sitios donde la gente
me dieron sólo lo suficiente para pagar el viaje,
lo suficiente para que pudieran mirarme a la cara
en el momento de entregarme el sobre
y, estos sitios no eran precisamente donde menos
podían,

en cambio
recuerdo una iglesia, no muy grande, que me llamaron.
terminada la charla, y después de cambiar simpatía y
calor con los miembros, a la hora de marchar, el pastor
me dio un sobre y me dijo:
    «¡todos la amamos, ann...!»

le di las gracias, pero no abrí el sobre, pues
nunca lo hago hasta que estoy en el avión
o cuando llego a casa.

me llevaron al areopuerto, nos despedimos y, ya sentada
en mi asiento, estaba poniendo en orden las notitas que
la gente me había dado en la iglesia durante las despe-
didas, cuando el cheque salió del sobre y no pude por
menos que verlo. me quedé boquiabierta.
    ¡era una cantidad enorme!
    salté de mi asiento,
    me dirigí hacia la puerta y le dije a la azafata que
esperara un segundo que había olvidado algo, bajé
la rampa del avión volando y empecé a gritar al
grupo de la iglesia que estaban de pie asombrados:
«reverendo fletcher... reverendo fletcher... no
puedo quedarme ESTO... es DEMASIADO... es
DEMASIADO...»
    «es suyo, ann. la iglesia ha decidido dárselo.
no lo puede rehusar.»

el avión hacía escala en chicago. cuando llegé a chicago
todavía tenía las lágrimas en los ojos. allí cambié de
avión.

naturalmente no me lo quedé todo.
hubo el diezmo, pero después, el ama de llaves
que merecía una pequeña sorpresa... un vecino,
cuyas finanzias iban dando tumbos, y otras cositas.

esta gente que me dieron de lo suyo tan generosamente
no tenían idea de cuántas personas serían afectadas
a su vez, por lo que generosamente
pusieron en mis manos en el
nombre de Cristo.
trajeron felicidad
a muchos.
ellos mismos fueron los que salieron ganando.

Jesús no es menos generoso que ellos.
El dice, si me dais, lo devolveré...
en medida apretada, remecida...

tom, mi cuñado, es un administrador
del hospital de cleveland, a cargo de los
asuntos de finanzas.
no tiene más que treinta años.
es un trabajo de gran responsabilidad.
pero, lo que yo admiro más de tom es el hecho que
pone tanto esfuerzo y energía en la labor de la iglesia
como pone en su cargo en el hospital...
horas y horas de estudiar proyectos
para la escuela dominical y los edificios,
la iglesia no le paga nada,
pero, el orden que él ha puesto en sus obligaciones
y su sentido de valores...
es recto.

y ALGUN DIA le será devuelto en la misma manera
que él ha dado.

deposite un paquete de comestibles a la puerta de una
persona necesitada.
tenga tiempo para una taza de té con un vecino.
corte el césped del patio de un anciano.
hornee unos pastelillos.
dé un caluroso apretón de manos
y, aún, simplemente, sonría.
ponga una mano fresca sobre una frente febricitante...
juegue al escondite cinco minutos con el chiquillo que
vive tres puertas más arriba...
déle un cacho del mantecado que se está comiendo a
otra persona
o recoja un ramillete de flores silvestres...
y, aun, simplemente, escuche a otro atentamente.

en la misma medida que damos, recibiremos.
este es el principio establecido por Dios.
Es su promesa.

«oh, Jesús...
ayúdame a reír con franqueza y a dar
sin reserva...
y sé Tú el mayordomo que destina lo que hay que
hacer con mi dinero.

me basta con dar una mirada para ver la felicidad
de los que han recibido lo que era mío, en Tu
nombre.

un día recibí una llamada telefónica de una ciudad lejana.

el hombre había leído mis libros y escuchado mis cassetes, pero, me preguntó:

«¿tiene usted problemas con el cabello?»

abrí la boca con asombro, un palmo por lo menos, ¡qué pregunta más estrafalaria!

«por favor... ¿qué me pregunta...?

«digo que... mire, en las fotografías suyas en los libros lleva siempre el pelo corto. y he pensado que quizá tiene problemas con el cabello.»

«no, no... no tengo ningún problema. simplemente me gusta llevar el pelo corto... ¿cree que se le pueda haber ocurrido a alguien más que a usted hacerse esta pregunta?»

la verdad es que esta pregunta, tan poco inteligente, debería herirme en alguna parte sensible, porque me hizo llorar.

¡un problema con el pelo!

esa sí...

mi cabeza, quiero decir lo exterior, me ha dado muchas preocupaciones, es mi talón de aquiles.

siempre he tenido luchas con el pelo. también las tengo con los dientes de la mandíbula inferior que no están rectos. acabé orando sobre el asunto.

«Jesús, me siento insegura y vacilante por culpa del pelo. cuando hablo con la gente y sonrío, y ellos sonríen a su vez, creo que lo hacen porque tengo problemas con el cabello... ¿qué debo hacer?»

¡bueno! es posible que usted diga que Jesús no se preocupa mucho de mi pelo o de mi peinado, pero yo sé

que El se preocupa acerca de la manera como yo me encuentro. y por tanto me parece bien orar sobre este asunto. después de
pensarlo mucho y
orar sobre el asunto, también mucho,
decidí dejarme crecer el cabello.

es interesante que al poco de decidirlo, una tarde mientras estaba esperando en una parada de taxis a que llegara uno, un joven de aspecto educado y
elegante, que estaba también en la cola,
esperando detrás de mí, me dijo:
«señorita, me gusta el peinado
que lleva.»
¡bueno! al parecer le gusta el peinado a este señor. pues... es inútil, porque hace una semana otro señor me dijo que tenía un problema con él, y ya he decidido dejármelo crecer. ¡se puede sonreír a voluntad!...

me ha costado bastante que creciera debidamente. tuve que ponerme broches, pasadores, horquillas y qué se yo. cintas y lazos. mi cabeza parecía de una india piel roya.

ahora, ya crecido, a algunos les gusta como está; otros me dicen que les gustaba más corto; o bien que debería hacerme la permanente...

yo ahora no hago caso. no es posible contentar a todo el mundo. ya sé que mi peinado deja mucho que desear, pero, aunque sé que hay rizos rebeldes y guedejas que se van por su cuenta sin ningún respeto para mi aspecto,
cuando estoy delante de un auditorio lleno
me digo que, esta gente, no me han hecho
venir para aprobar el peinado que llevo
sino para ver lo que hay dentro de mi
corazón.

Y NO PUEDO POR MENOS QUE REIR.

El humor aplaca los nervios,
   disminuye las tensiones
      hace firme el pulso de la vida
         y repone las existencias de optimismo
            cuando están demasiado bajas.

hace un par de semanas estábamos hablando con jan,
a quien había ido a visitar y las dos decidimos que SU
cabello necesitaba ser arreglado. Alguien había reco-
mendado un «salón de belleza» determinado, y ella decidió ir, y yo fui también, para hacerle compañía... el
peluquero me dijo que mi cabello necesitaba un trata-
miento especial. así que...
      antes de que prácticamente me diera cuenta de lo
      que pasaba, ya estaban limpiándomelo con shampú
      y me lo envolvían con una toalla. cuatro horas
      más tarde salimos del
salón de belleza.
después de pagar una factura de 60 dólares... y por
postre yo les di la propina de jan y mía, pero jan sin
      saberlo les volvió a dar propina...

      el cabello de las dos quedó peor que antes, por no
      decir que quedó hecho una calamidad. nos mira-
      mos la una a la otra y al entrar en el coche, espon-
      táneamente nos echamos a reír como locas.

a reír,
porque reír es mejor que llorar.
   porque no hay nada peor que
   montar en cólera,
o sentirse resentido y hostil por algo
   que no es posible cambiar.
   en realidad, hace las cosas peor.
   hay desgracias bastante peores

que ser engatusado en una peluquería.

hace dos semanas, en el aeropuerto o'hare, de chicago
estaba andando de un terminal al otro,
arrastrando varios sacos y maletas...
estaba jadeante, con la cara encendida,
a punto de soltar alguna de las maletas
o sacos y dejarla por ahí...
venía una amiga conmigo, y
de pronto, lo tiro todo al
suelo.

había docenas de personas que pasaban de prisa por el
mismo corredor y algunos no pudieron por menos de
pararse a ver que pasaba, y todos miraban en la dirección donde yo estaba.
    yo estaba plantada, llorando,
    ¡encolerizada... llena de ira!

daba asco tener que sucumbir
ante este detestable aeropuerto.
entonces me puse a reír.

me reí porque me di cuenta
que mi figura, de pie, rodeada de maletas por el suelo,
con los pasajeros apartándose
para no topar conmigo o tropezar con los bultos,
era algo tan ridículo, que reír era la única salida.

lo recogí todo,
lo arrastré y lo puse encima de un banco
y me fui a una bombonería.

encargué media libra de bombones,
me senté en el banco y me los fui
comiendo todos, con calma, engordara o no engordara.

después volví a cargar con mis maletas
y seguí hacia la puerta a la que debía ir.

con un poco de humor
las cosas van mejor,
o por decirlo sin el verso, el humor hace la
    DIFERENCIA.

¿ha comprado usted alguna vez un vestido que debe
ponerse inmediatamente para ir a una fiesta o a una
ceremonia donde debe ir elegante?
una matrimonio, amigos míos, lo hicieron...
ella se compró un vestido y él unos pantalones.
al ponérselos vieron que eran, ambos, demasiado largos.
en vez de ponerse frenéticos
(porque no había tiempo para arreglarlos
a medida)
la esposa buscó un rollo de celofana y unos alfileres y
se las arregló para acortar
    la falta y los pantalones
        y fueron al banquete.
            disfrutaron más que nada
                porque los dos eran partícipes de un secreto
                desconocido por los otros.
                    ya que nadie se dio cuenta de la celofana
                        que sujetaba los pliegues hacia dentro
                            en mangas y piernas.

una familia, que yo sabía estaba pasando un período
de estrechez económica,
me invitó a cenar una noche.
noté la mesa puesta con
vajilla de la mejor calidad,
manteles y servilletas de lino.
desde la cocina se oía
el zumbido en el horno eléctrico
indicando que la comida estaba lista.
acabé suponiendo que habría
manjares suculentos y exóticos.

cuando nos llamaron a la mesa y una vez sentados
la madre trajo una bandeja con hamburguesas...
y eso fue todo, es decir, hubo ensalada y un panecillo.
todo en platos de lujosa vajilla
y manteles bordados de seda.
   la señora hizo el comentario,
      que era mejor comer lo poco con alegría
         y poner color en la comida,
            que lamentarse y llorar por
               la insuficiencia de fondos.

de veras creo que, la gente contenta...
   los que nos gusta tener alrededor...
      los que vencen con el bien el mal,
son aquellos que
han aprendido a reírse fácilmente...
   que encuentran el punto de humor
      que no permiten a satán que se aproveche
         de su abatimiento o de su murria
            para proclamarse vencedor.

a un corazón alegre le es más fácil hacer el bien.

* * *

NAVEGANDO LOS SALTOS DEL RIO

estoy en un campamento de verano, en colorado.
es de juventud para cristo, adolescentes
que proceden de diferentes estados.

hoy decidí navegar los rápidos del río
con un grupo de adolescentes.
   en un autobús, repleto de jóvenes,
   subimos por la estrecha carretera de montaña
hacia un punto del río en que hay varios saltos,
rocas enormes a la vista y otras escondidas
dentro de la corriente. el agua es turbulenta
y se desliza furiosa entre las rocas.

teníamos que bajar estos saltos
de dos en dos, en una balsa o armadía de material plás-
tico hinchado de aire. una chica del personal del campamento y yo decidimos ir juntas. nos metemos en la
balsa y empezamos a bajar. al final del trayecto habrá
dos hombre con una cuerda tendida a través del río,
—nos dicen—
para que no podáis seguir adelante, pues
corriente abajo hay una cascada muy peligrosa.
en el recorrido encontramos varios puntos, peligrosos,
corrientes y contracorrientes y remolinos, donde
si una balsa se encalla empieza a dar vueltas y
no puede salir.

pensé: hoy, por lo menos, nadie podrá llamarme pusilánime... nunca me había atrevido a hacer nada que re-
quiriera tanto ánimo
   como deslizarse río abajo, con las piernas colgando
   a un lado de la balsa, y no teniendo nada más a qué
   agarrarse que a un remo.

habían salido ya un par de balsas antes de la nuestra,
y vi que llevadas por la fuerte corriente, una de ellas
había volcado, y los dos tripulantes fueron lanzados al
agua y estuvieron debajo de la misma durante un rato
que a mí me pareció escalofriante.

faye y yo íbamos bicn. nuestra balsa se mantenía firme, y procurábamos seguir por la mitad izquierda del
río, que era la más lisa. volábamos rozando, casi, rocas inmensas, pero seguíamos adelante,
dentro de la basa.

al acercarnos al punto más turbulento estaba aterrorizada. ya me veía lanzada al agua y tratando de capear
los resultados.
pero, nuestra balsa decidió embestir el rápido exactamente en el centro, donde la contracorriente era míni-
ma y no llegaba ningún torbellino.
en unos segundos habíamos pasado el rápido entre dos
grandes rocas, y cuando vimos que habíamos pasado el
sitio más difícil triunfantes, prorrumpimos en risas y
gritos, para asegurarnos que los espectadores lo vieran...
     «¡ya está!, ¡ya está! ¡yahooooo!»

pero...
la cuerda que debía estar tendida a través del río no
estaba, porque los que debían tenderla no nos espera-
ban tan pronto, así que nuestra balsa siguió adelante.
al verlo, uno de los hombre saltó al agua y se agarró a
la balsa, pero, a pesar de sus esfuerzos la corriente siguió arrastrándonos a los tres.
     no podíamos parar la balsa ni dirigirla hacia la orilla.
     seguimos pues saltando por entre rocas y declives. ed
estaba colgando tratando desesperadamente de salvar-
nos, con las piernas golpeando las rocas. de súbito apareció un nuevo salto en la corriente, por encima de una
roca gigantesca. yo estaba en la parte delantera de la

balsa y ed. había conseguido meterse dentro, y estaba entre faye y yo. en el momento de cruzar la roca yo fui despedida por la borda y fui a parar al agua furiosa que se me llevó hacia abajo y hacia el fondo.

recuerdo mirar hacia atrás por un momento y ver a faye y a ed que se habían quedado a nivel de la roca, colgando los dos de unas ramas.

el río siguió arrastrándome, mitad por la superficie, mitad por debajo del agua. recuerdo chicos corriendo por la orilla en la misma dirección que yo, gritando... pero no podían hacer nada.

traté de chillar, pero me pareció tener la cabeza llena de agua y apenas podía respirar. no había nadie más en el agua. sólo pensaba cuando vería otra roca y que quedaría aplastada contra ella.

por primera vez en mi vida, la muerte para mí fue algo vívido y real, y clamé a Dios que me ayudara.

tuve suficiente presencia de ánimo para recordar que no debía luchar contra la corriente sino ver de flotar y quedar serena, así como respirar profundo... aunque me viera arrastrada.

entretanto me había ido acercando a la ribera y uno de los chicos, se lanzó de pronto al agua y agarrándome un brazo tiró de él con todas sus fuerzas. ya traté de cogerle, también, como pude. otro chico trabó desde la ribera de james y en unos segundos estábamos los dos en tierra firme.

ed, sangrando de varias partes del cuerpo, corrió hacia mí, me abrazó y besó sin saber lo que se hacía. ni había notado la condición en que él estaba. yo estaba salvada y él daba gracias a Dios y lloraba de alegría.

ahora ya es bastante tarde.
después de cenar he hablado a los jóvenes, y ellos
ya se encuentran en sus camastros en las cabañas,
para pasar la noche.

metida en la cama yo también he llorado por primera vez, para hacer pasar el susto.

un río con tal fuerza y poder...
de tal magnitud y misterio...
¿quién podría poner en duda
la grandeza del que lo hizo?
¡Dios!
¿qué ser humano se atrevería a hacerse
dueño de la vida?
«¿qué es el hombre para que tengas de él memoria?»
sabes, Dios.
sin Ti, viviría constantemente aterrorizada.

salmo 63
oh, Dios. Tú eres mi Padre... cada mañana busca-
ré tu rostro... mi alma clama a Ti pidiendo mise-
ricordia... anhela el toque de tu gracia...

aunque parece que estoy en una tierra seca y ári-
da, sin aguas... contemplo tu poder y tu gloria...
y sé que estoy seguro en tu mano...

tu amor es mejor que la vida... y mi corazón an-
sía ofrecerte alabanza... levantaré mis manos y te
alabaré... y quedaré satisfecho todos los días de
mi vida.

cuando medite en las vigilias de la noche cantaré a
Ti canción nueva... y recordaré las veces que me
has rescatado... y te adoraré toda mi vida.

(skillings, celebración de la esperanza)

* * *

PEQUEÑECES

es difícil de creer
que una de mis mayores bendiciones empezó
con una invitación a una
pequeña iglesia en la florida.
Dios transforma a veces un hoy minúsculo
en grandes mañanas.

el pastor no era famoso.
el edificio pequeño y sencillo.
PERO, Jesús tenía un secreto.

me costó mucho coger el avión aquel viernes, después
de trabajar como «dean» de chicas toda la semana...
    sabiendo que iba a regresar el domingo para ser
    «dean» de chicas toda la semana siguiente no me
    sentía muy inspirada para ir... porque tenía mu-
    cho trabajo.
pero había prometido ir y tenía que hacerlo.

ocurrió que una señora había ido a aquella ciudad de
la florida a visitar a una hermana suya, y decidió venir-
me a oír acerca de mis sueños.

esta señora, dot mccollister, regresó a baton rouge, loui-
siana, y decidió que yo debía ir a visitarla en SU barrio. no sólo me mostraron los vecinos mucho amor, y
trajeron otras bendiciones, y participaron en mis sueños
para Su mundo, sino que dot y su marido, rolfe, han
pasado a ser una familia de la que he aprendido mucho.

como resultado de aquel fin de semana inadvertido en
la florida, rolfe y algunos amigos suyos me presentaron

a un comité de washington, d. c., y fui invitada a hablar en un banquete del bicentenario nacional, all.

y luego a otro en san bernardino, california...
y luego en lincoln, nebraska... y en waterloo, iowa.

si sólo espera los GRANDES momentos
éstos pueden no llegar nunca.
aproveche los pequeños, oscuros,
estos determinan dónde está su corazón
y le dan a Jesús oportunidad para sorprenderle con
    algo inesperado.
no lo dude.
lo he visto así una y otra vez.

hay algo que quisiera contar acerca de
rolfe mccollister... y es que rolfe es ¡VALIENTE!
le he oído orar...
        «Jesús, haz de mí el hombre que necesitas.
        cueste lo que cueste, echa mano de mí.
        ya sabes que mi problema
        mayor es mi yo.»
    esto requiere ser valiente.
    significa que prefiere ser la persona que Dios necesita
    antes que la seguridad y el éxito en los negocios, la
    salud o la popularidad.

una vez, mientras estaba visitándoles en baton rouge,
rolfe tenía a las señoras de los socios de su firma (es
abogado), y las del consejo de administración del banco invitadas para un té. me pidió que les hablara. yo
tenía miedo, porque estas mujeres eran de la alta sociedad, cultas y refinadas. yo me presenté con un simple vestido, con una blusa y sandalias. rolfe estaba allí
para presentarme. musitando una oración pidiendo ánimo (creo que si hubieran sido hombres no me habría
atrevido) empecé:

«Jesús es el Señor de mi vida.
El ríe conmigo y llora conmigo
  y me ayuda a subir las montañas...
y... bueno... puedo ¿cantarles una canción...?»

    las señoras escucharon.
    no fue un té sólo.
    fue un té en su nombre
    yo admiré a rolfe por querer ser el anfitrión.

esta familia ha puesto color y bendición y amor y calor
    en mi vida,
    y en la de mi familia.
Jesús los ha utilizado para compensarme de los aeropuertos fríos y los cuartos de hotel solitarios.
    a veces, cuando el mundo parece tan grande
      y yo me siento tan pequeña, me consuelo
        pensando que hay en el mundo uno hombre
          como rolfe que no se avergüenza de ser
          un verdadero cristiano,
          de llevar folletos en el bolsillo para
          utilizarlos si hay oportunidad durante
          el ejercicio de su práctica de abogado
          para dar a conocer a Cristo a alguien.

todo empezó
en una pequeña iglesia.
en una ciudad oscura.
en la florida.

esta noche me estaba preguntando dónde conocería bi-
lly graham a Jesús... y si había sido como resultado de
una experiencia inesperada en algún lugar anónimo.

no creo que la enfermera que primero bañó y puso los
pañales a harry truman pensara jamás que algún día
aquel niñito sería presidente de los estados unidos.

98

hoy tiene usted una experiencia insignificante durante la cual puede influir en alguien que, algún día, puede influir en alguien que, dando vueltas el mundo, puede llegar a ser un gran líder cristiano mañana.

así que cuando ocurra, ¡no se sorprenda!

para mí, lo único que cuenta
es Jesús y la gente.
aquí,
ahora,
donde vivo.

no me importa el dinero que tendré
    cuando cumpla los sesenta...
    o cuántos libros populares voy a escribir...
    o los viajes que haya hecho.
sólo Jesús, la gente y yo.

es por esto que quiero hablar sobre
mi vecindario...
es mi mundo,
es boston.

los zigelbaum.
él es un psiquíatra judío.
viven al otro lado de la calle.
    hal y susie, sus hijos,
    aparecieron en las cubiertas y las páginas de otro
    libro mío.

fui con estos niños un día a chicago, en avión.
hacía casi cuarenta grados de calor.
fuimos a un parque de atracciones...
subimos al tío vivo,
los columpios, la palanca oscilante...
sacamos fotos.

luego fuimos a «tyndale», la editorial, donde el doctor
taylor levantó en los brazos a los niños y les preguntó

cuáles eran sus colores predilectos: rosa para susie; morado, para hal. y el doctor taylor, créanlo o no, encontró en alguna parte, una Biblia con las cubiertas rosa para susie, y una morada para hal.

regresamos a boston aquella noche, en avión, y el doctor y la señora zigelbaum abrazaron a los niños; los pusimos en la cama y los arropamos bien.

«ann... este gesto, llevarte los niños, como querer poner su foto en el libro... nos hace ver tu amor cristalizado en una forma nueva. ¿podría Jesús movernos a nosotros para hacer las mismas cosas también?

claro que sí.
El vive para TODOS igual.
y la semana pasada, durante el fin de semana, ziggy y patti (porque así pueden llamarles si vienen a verlos en boston), fueron conmigo a boise, idaho, en avión, donde hablé en el «northwest college» nazareno.
era la noche del día de acción de gracias,
había varios millares de personas,
entre las cuales, centenares de cristianos.
con ellos y con los zigelbaum,
lloramos
y reímos
y hablamos de nuestros sueños
en medio de apretones de mano.
la sala del gimnasio
estaba rebosando amor.
estas experiencias se recuerdan y dejan marca.
labradores, gente sencilla, y
profesores del «college» y estudiantes,
niños y abuelos...

yo estaba allí con un pedazo
de mi propio mundo.
¡aleluya!

* * *

jimmy trabaja en el garaje de aparcamiento del edificio
donde yo vivo. es el único garaje que hay por los al-
rededores.

jimmy es amigo mío.
siempre me limpia y encera el coche
y no quiere cobrarme nada,
¡aún no sé por qué!

una noche llegué con mi coche a la entrada del garaje,
jimmy me indicó con la mano…
«aparque aquí… traigo cera en el coche, le voy a
lustrar el suyo mientras van viniendo los que quieren aparcar…»

¡ESTUPENDO!

media hora después bajé.
todavía estaba trabajando de firme.
«Jimmy, ¿cómo puedo pagárselo?»
«bueno… podríamos beber un par de cervezas juntos en su apartamento.»

no sé lo que esperaba que me diría, pero eso no lo esperaba. iba a decir: «jimmy, yo no bebo y no…»

pero,
luego,
me acordé
de cuántas veces había deseado
tener oportunidad de hablar de Jesús con jimmy

y siempre había coches y bocinas
y había sido imposible.

«¿Jesús, no te va a importar la cerveza de jimmy, verdad? ¡lo que te importa es jimmy!

    «¿jimmy, dónde está la cerveza?»
    «en la casilla de la entrada…»
me crié en una familia evangélica de lo más estricto.
no había puesto mis manos nunca en una botella de
cerveza.
fui a la casilla, cogí la cerveza, y escondiéndomela
bajo el impermeable para que nadie me viera, le
dije a jimmy que ya podía subir cuando hubiera terminado.

«Jesús, creo que esto fue tu idea, no la mía. en todo
caso, espero que me disculparás.»

jimmy subió.
le escancié la cerveza.
puse gaseosa en mi vaso.

    «jimmy, el coche se ve magnífico.
    ¡GRACIAS! siempre he querido hablarle
    de algo maravilloso que hay en mi vida…»
    «¿de qué se trata?»
    «de Jesús. El es el Señor de mi vida.
    El me amó, cuando yo no podía aceptarme a mí
    misma, y me perdonó cuando otros no querían ha-
    cerlo, ni yo tampoco a mí misma.
    El es amor… y, jimmy, el amor lo cambia
    TODO.»

    «¿ann, puede alguien conocer a Jesús de esta
        manera?»
    «sí, puede.

en cualquier parte.
Jesús es amor, y el amor es
así,
siempre.»

si usted me pregunta: «¿por qué no le hize beber a
jimmy gaseosa, como yo la bebí, en vez de beber la cerveza, le contestaré que
no lo sé.
creo que fue porque me parece que Jesús hubiera aceptado a jimmy tal como era, por lo menos para empezar...

lo que de veras le importaba a Jesús
    era que jimmy supiera que El es amor.
        que El se preocupaba de su persona.
Jesús y jimmy tienen mucho tiempo para verificar todos
    los detalles de la vida de jimmy.

aquella noche,
de una manera simple, quieta,
sentí que había contribuido a cambiar el mundo.
    una persona corriente,
    que vive cerca de donde yo vivo.
le recordé a jimmy que Jesús vive,
que es amor.
esto es lo que hace la diferencia.

* * *

Cristina vive al otro lado de la calle.
tiene nueve años.

su madre es una hermosa mujer, que es la editora de
un pequeño diario local. su padre es un abogado judío.

el estilo de vida de la familia y sus perspectivas son,
probablemente, muy diferentes de las mías.
pero somos amigos.

una noche, tarde, le llevé a cristina
un cuadrito para colgar en la pared de su cuarto,
    simplemente para celebrar nuestra amistad,
        porque creo que ella es algo especial.
la abracé fuerte,
y leí una historieta que ella había escrito,
y pude ver su talento y perspicacia.

«cristina... escucha esta cancioncita...
    «Dios te ama a ti y a mí,
    la biblia lo dice así.»
        las cosas de Dios son muy importantes,
        y debemos recordarlas al ir creciendo...»

nos reímos las dos.
tomamos el té con sus padres
    en una noche corriente
        en el corazón de boston.

ellos me dejaron hablar de Jesús en su casa.
yo les dejé ser como son, sin imponerme.
¿no es esta la idea que tiene Dios de tratarnos unos
a otros?

        «Jesús, boston es tan grandes,
        y yo soy sólo una... pero ayúdame
        a ser y hacer lo que Tú haría si
        estuvieras aquí en persona.»

* * *

cada día, cuando mario y lenny están limpiando el suelo
del pasillo delante de mi apartamento con el aspirador,

yo salgo a la puerta para darles las gracias.
por las mañanas bajo corriendo a saludar al cartero,
rick, porque se porta tan bien, con todo el correo que
tiene que separar para mí,
y nunca se queja.
siempre me lo entrega sonriendo.

* * *

carol es una empleada del salón de belleza.
es católica. yo soy protestante.
oramos juntas,
    comemos juntas,
        siempre me trae flores
para poner sobre la mesa.
Jesús ha venido a vernos a las dos
aquí mismo, en mi pequeña sala de estar.

* * *

frank y joe, y mike y tony...
son los encargados de hacer reparaciones en el edificio.
cuidar las plantas del vestíbulo, limpiar las ventanas y
arreglar los grifos que gotean.

un día traté de encontrar a tony porque tenía
que marcharme para hablar en algún sitio, y quería
decirle adiós...
porque vaya donde vaya
siempre oro por él.

finalmente, después de buscarle por todas partes, le
encontré en el mostrador del bar de la esquina comiendo
una ensalada de huevo y un sandwich.

«adiós, tony, estaré fuera unos días...
pero dondequiera que esté me acordaré de usted
y oraré por usted porque le quiero y Jesús
también, y nunca le olvida.»

¡oh, ann!, no ore por mí... no vale la pena, porque yo, como casi todos, me voy de cabeza a...
(y señaló con el dedo hacia abajo).

«¡oh, no!, no diga eso... oraré por usted porque
de esto depende la diferencia.»

créalo o no, le abracé, y sin querer di con el codo en su
plato de ensalada que rodó por el suelo; me quedé tan
azorada que no sabía qué hacer... y salí corriendo hacia
el taxi que me esperaba. tony asomó por la puerta todavía, para decirme:

«gracias, ann, gracias, ya me acordaré.»

tony es algo especial
tiene dignidad y sentido de valor.
Jesús puede hacer uso de él.
ya lo veréis.

¿sabéis qué?
¡ahora tony dice que ora por mí también!
¿no vale la pena?

* * *

hay muchos más a quienes quisiera presentar.
natalie que tiene una tiendecita en el entresuelo, paula, que vende vestidos y los arregla. emma que es
una profesora. milo y jim que son los que vigilan el
vestíbulo: incluso riegan mis propias plantas cuando
estoy fuera. jerry, que es el dueño de un hotel, en
boston.

joel es otro abogado judío y
éste es un amigo especial. a veces me convida a comer
con sus amigos abogados. les canto canciones o himnos,
y bendigo la comida antes de empezar.
joel me dice: «¿ann usted sí que cree de verdad, no?»
    «¡claro que creo!»

ando erguida,
con la cabeza alta,
porque conmigo vive un Dios gigante.
y no le tengo miedo a nada ni a nadie.

la semana pasada tuvimos el primer estudio bíblico en
mi apartamento. seis mujeres.
    algunas de ellas no habían orado nunca en público.
    esto se podía ver fácilmente.
    tomamos té y unos pastelillos y Jesús también es-
    taba.

basta con una chispita para encender un fuego.
    lo que cuenta no es lo que la gente hace
        ni dónde va,
            ni cuán diferentes son sus opiniones de las mías,
                ni aún si son cristianos o no.
lo que cuenta es lo que es ann.

a mí lo que me gusta es sonreír.
tender la mano y apretar bien fuerte.
hablarle al otro, mirándole en la cara...
y escuchar, también, atentamente.

    quiero decirle al otro
    lo que necesita oír,
    en el nombre de Cristo.

quiero abrir los brazos y abrazar el mundo,
y amar a todos. como Cristo ama.
eso es lo que cuenta para mí.
    Jesús y el mundo y yo.
    y eso basta.